韩国语阅读教育论

한국어 읽기 교육론

张薇薇 （韩）元美珍 王昊 朱雨彤 王忆文 著

中山大学出版社

·广州·

版权所有　翻印必究

图书在版编目（CIP）数据

韩国语阅读教育论/张薇薇等著 . —广州：中山大学出版社，2023.2
ISBN 978-7-306-07732-5

Ⅰ. ①韩… Ⅱ. ①张… Ⅲ. ①朝鲜语—阅读教学 Ⅳ. ①H559.4

中国国家版本馆 CIP 数据核字（2023）第 024766 号

出 版 人：王天琪
策划编辑：熊锡源
责任编辑：卢思敏
封面设计：曾　婷
责任校对：陈晓阳
责任技编：靳晓虹
出版发行：中山大学出版社
电　　话：编辑部　020-84110283，84111996，84111997，84113349
　　　　　发行部　020-84111998，84111981，84111160
地　　址：广州市新港西路135号
邮　　编：510275　　　　　　　　传　真：020-84036565
网　　址：http://www.zsup.com.cn　E-mail：zdcbs@mail.sysu.edu.cn
印 刷 者：广东虎彩云印刷有限公司
规　　格：787mm×1092mm　1/16　15.5 印张　214 千字
版次印次：2023 年 2 月第 1 版　2023 年 2 月第 1 次印刷
定　　价：45.00 元

如发现本书因印装质量影响阅读，请与出版社发行部联系调换

머리말

언어교육의 최종적인 목표가 그 언어를 사용한 의사소통 능력의 향상이라고 할 때 의사소통 능력의 향상을 위해 언어 사용자로서뿐만 아니라 언어 교육자로서 관심을 두어야 하는 부분은 우선적으로 무엇일까? 의사소통이란 그것이 구어로의 의사소통이냐 문어로의 의사소통이냐만 중요한 것이 아니라 의사소통을 위해 얼마나 이해하고 어떻게 표현하느냐의 문제이기도 하다. 이것을 구어와 문어, 표현과 이해로 나누어 개별적으로 지도하거나 학습하는 것은 실제 언어 사용의 현장에서는 가능하지 않으며, 더군다나 급속도로 의사소통의 양식과 방법이 바뀌는 시대에 언어교육의 영역을 분리해서 중요성을 강조할 필요는 없다고 생각한다.

그럼에도 불구하고 학문의 영역이나 교육의 영역에서는 때로는 하나하나에 대한 이해를 통해 전체를 이해하는 것이 도움이 되기도 하며 그런 측면에서 언어 교육에서의 읽기 교육을 먼저 다루어 보고자 한다. 언어교육에서 읽기 이해는 표현으로 나가기 위해 먼저 교육되어야 하는 영역이면서 교수하지 않으면 저절로 익힐 수 없다는 측면에서 가장 교육적인 영역이다. 연구자로서는 문자부터 텍스트까지 모두를 다루면서 인간의 인지와 정서를 함께 논의할 수 있다는 점이 매력적이기도 하다.

이 책의 집필은 장미미, 왕억문, 왕호, 주우동 모두 연세대학교 대학원에서 나의 제자로서 함께 읽기 교육을 공부하고 논의하고 그것으로 석사 논문을 쓰던 시기부터 시작되었다. 4명의 연구자들의 석사 논문 주제가 모두 한국어 읽기와 관련된 주제였는데 물론 수업 시간에 읽기 교육론을 공부한 적은 있지만 이것을 석사 논문의 주제로 모두 발전시킨 것은 우연히 일어난 일이었다. 그래서 박사 과정에 들어와서도 함께 스터디를 하면서 이들의 석사 논문을 모으고, 석사 논문에 없던 내용을 함께 공부해서 채우기로 하면서 읽기 교육론의 집필이 시작되었다. 앞 부분의 읽기의 본질과 이론 부분은 원미진이 작성하였고, 읽기 방법과 관련된 부분은 왕호, 읽기 전략과 관련된 부분은 왕억문, 읽기와 어휘의 관계에 대한 부분은 주우동, 읽기 활동과 관련된 부분은 장미미가 작성하였다. 각자의 석사 논문의 내용을 바탕으로 책으로 집필하면서 필요한 부분을 첨가하고 요약하는 작업을 하였다.

이 책의 저자들 모두는 내가 연세대학교 교수로 부임하고 첫 번째 학기부터 만나서 함께 공부한 제자들이고 보니 벌써 10년의 세월이 지났다. 그동안 모두 박사 학위를 받고 내 곁을 떠나 중국에서 자리를 잡게 되었다. 이들과 함께 공부하고 토론하고, 논문을 쓰고 그리고 소논문을 학술지에 게재를 했던 시간이 주마등처럼 지나간다. 모두 성실한 연구자들이고 지금까지 한 연구보다 앞으로의 연구가 기대되는 학자들이다. '청출어람'이라는 말은 좀 식상하지만 그래도 내 제자들을 생각하면 이보다 더 정확한 말은 없는 것 같다.

오래 전부터 시작한 작업이다 보니 이 연구를 할 때 가졌던 연구자들의 생각이 어떻게 달라지고 발전하였는지 보여주기 어려운 점이 있다. 다만 언어교육으로서 한국어 읽기교육을 함께 연구했던 결과물이며 기본적인 읽기 교육을 논의할 때 부족하지만 읽어볼만한 책이라고 생각하여 책으로 내게 되었다. 이를 바탕으로 하여 우리도 한 걸음 더 연구자로서 깊이 있는 연구자가 되기를 바라는 마음으로 책을 마무리하였다.

2023년 초에 집필자를 대표해서 원미진이 씀

목 차

제 1 장 읽기의 본질 ·· 1
中文导读 ·· 1
1.1. 읽기의 정의와 목적 ·· 9
1.2. 읽기 능력 및 읽기 능력의 발달 ···························· 11
1.3. 읽기의 원리 및 과정 ·· 14
1.4. 읽기의 과정 모형 ··· 23

제 2 장 모국어 읽기와 제 2 언어 읽기 ···················· 27
中文导读 ·· 27
2.1. 모국어 읽기와 제 2 언어 읽기의 차이 ················ 32
2.2. 제 2 언어 읽기 능력 발달의 가설 ······················· 35

제 3 장 텍스트 유형 및 읽기 방법 ·························· 42
中文导读 ·· 42
3.1. 텍스트 유형 및 구조 ·· 53
3.2. 읽기 방법의 분류 ··· 58
3.3. 읽기 방법에 관한 연구 ·· 66
3.4. 연구 사례 ·· 74

제4장　읽기 전략 ··· 78
中文导读 ··· 78
4.1. 읽기 전략의 정의 ··· 85
4.2. 읽기 전략의 분류 ··· 90
4.3. 읽기 전략 지도의 유용성 ····································· 97
4.4. 읽기 전략 사용의 실제 적용 ·································· 98

제5장　읽기와 어휘 ··· 103
中文导读 ·· 103
5.1. 어휘 지식과 어휘 능력 ······································ 115
5.2. 어휘 지식과 읽기 능력의 관계 ······························· 133
5.3. 어휘와 읽기에 관한 연구 ···································· 138
5.4. 연구 사례 ·· 144

제6장　읽기 활동 ·· 147
中文导读 ·· 147
6.1. 읽기 활동의 정의 및 특성 ··································· 155
6.2. 읽기 활동 유형 ·· 157
6.3. 한국어 교육에서 이루어진 읽기 연구 ······················· 170
6.4. 한국어 교재의 읽기 활동 및 이해 유형 분석 실제 ········ 177

참고 문헌 ··· 196
찾아보기 ··· 232

제 1 장
읽기의 본질

中文导读

第一章 阅读的本质

1.1 阅读的定义和目的

大多数现代人早上起床会以看手机开始新的一天，睁开眼睛就通过阅读与世界交流。在上班路上，无论是在地铁还是公交车上，大多数人都在阅读。除了少数看书的人，有的人和朋友发短信交流，有的人为了在手机网络世界中进行互动而阅读，甚至写下一些自己的评论。

人类通过语言学习和掌握听、说、读、写四种技能与世界进行交流。相关研究显示，这四个领域的使用比例是按听、说、读、写的顺序排列的，而"听"占其中的45%（Rivers，1981；Morley，1994）。然而，已经进入21世纪20年代的现在是否也依旧如此？正如以上我们所说，现代人大部分时间都在阅读，只是偶尔交谈和写作。

那么我们要读什么，又为什么而阅读呢？我们通常是为了获取信息而阅读，比如，了解我们的朋友在做什么。有时，阅读是为了享受乐趣。与过去人们互通电话来相互问候不同，现代人更愿意通

过短信或 SNS（Social Networking Service，社交网络服务）来相互问候。这意味着越来越多的人更愿意通过阅读的方式进行交流，并在自己想阅读和回应时进行回复。这揭示了一种现象，即通过阅读和写作而不是听和说（即时交流）来进行交流，正在成为我们生活的一部分。因此，对于现代人来说，阅读可以说是一种和听、说一样频繁的交流方式。

关于人类阅读的目的存在多种观点。Grabe & Stoller（2002）认为阅读的目的如下：第一，阅读是为了寻找信息；第二，阅读是为了快速理解；第三，阅读是为了学习；第四，阅读是为了信息整合；第五，阅读是为了写作；第六，阅读是为了评价文本；第七，阅读是为了理解。虽然这些分类在阅读的过程中是重叠的，并且进行阅读时，其目的往往不只一个，但所有阅读活动的根本目的是理解，人们根据不同的目的而使用不同的阅读方法（详见本书第三章）。在本章中，我们将尝试定义阅读，同时介绍因不同目的而进行的阅读活动的本质。

阅读基本上是一个解读文本的过程。不言而喻，对文字的解读使理解句子成为可能，而通过解读句子来掌握文本意思是阅读理解的最基本步骤。由于对句子的解读有时会因上下文而有所不同，因此，阅读也包括掌握作者的意图和目的。阅读方法因目的而异，要给出阅读的基本定义并不简单。一方面，以行为主义观点来看，阅读被视为一个可以教授和加以指导的技能，就像人类可以学习的其他技能一样。因此，可以将阅读能力看作思维或语言的构成因素来加以认知和引导。然而，从认知的角度来看，阅读作为一种信息处理技能，不仅侧重于对语言符号的解读，还侧重于对听觉、视觉符号和发音的处理。另一方面，从建构主义的观点来看，阅读就是在已知信息的基础上重构新的意义。阅读不是简单地将视觉表征转化为声音，而是将其转化为语义，并从文本中提取含义。

总而言之，阅读的定义因不同的观点而略有不同，但都有一个共同点，即阅读是一个将经过语言形式编码的信息通过印刷媒体接

收和解释的过程（Urquhart & Weir，1998）。换句话说，阅读是读者从文本中提取各种信息，将其整合，并将其与已知信息相结合的过程（Koda，2005）。

1.2 阅读能力和阅读能力的发展

阅读作为一种基本的交流过程，不同于听和说，至少不是所有人都能自然而然获得的技能。阅读是一种语言技能，只有通过学习才能获得，它是一种在口语和听力能力都得到发展之后才能习得的技能。母语的阅读能力发展是一个从婴儿期到青春期的漫长过程，而第二语言的阅读能力则根据学习者个体的不同，其发展速度也不同。

Chall（1996）假设阅读能力发展的阶段与认知发展的阶段相似。与皮亚杰的认知发展理论一样，阅读发展阶段是学习者为适应环境而进行同化和调整的过程，每个阶段都具有在本质上区别于其他阶段的特殊结构和特征（Cheon，1992）。

孩子只有在口语能力发展到一定水平，继而对文字产生兴趣后，才会首次表现出阅读能力。这个时期的孩童由于已经掌握了大量词汇，并且正处在语言发展阶段，因此能理解语法结构。第二个早期阅读阶段是小学入学时，孩子可以阅读字母、单词和句子，并通过视觉词汇使之成为可能。在小学3～4年级之前，孩子的视觉词汇量增加，阅读的流利度得到提高。在小学高年级，他们能够独立阅读多种长篇文章。这时，他们的默读速度比朗读速度快，即使阅读超出背景知识的文本也能理解大意。最后一个阶段是一个复杂的阶段，这时，他们可以根据自己的选择进行策略性阅读。综上所述，母语的阅读能力是至少发展至青春期结束的能力，它关系到在每个发展时期孩子对语音、语法、文字、单词、词汇、策略等的理解和发展情况。

1.3　阅读的原理和过程

阅读流利意味着能快速阅读并准确理解阅读的内容。在母语环境中，一个人通常每分钟能流利地阅读 200～300 个单词。此外，实现阅读流利是一个语言学习的过程，是一个根据目的灵活运用策略来实现有效阅读的过程。

决定阅读流利程度的关键因素是单词的阅读效率、词汇积累、文本阅读难易度、阅读理解能力、阅读策略和表达能力（Schwanenflugel & Ruston，2008；Pressley，Gaskins & Fingeret，2006）。阅读是一个有限的认知过程，阅读理解由自动化、准确性和阅读速度三个因素构成。基于这个前提，我们将阅读理解过程分为低层级处理过程和高层级处理过程。

1.3.1　低层级处理过程

低层级处理过程主要包括单词识别、语法理解与语句分析、语义命题的形成。单词识别（word recognition）阶段是一眼就能理解词汇含义以进行阅读的阶段。这个阶段通过拼写处理、语音处理、语义处理、词汇访问、形态处理等自动化处理过程来实现。句法分析（syntactic parsing）一般来说让人难以察觉，然而，当我们阅读时，我们通过对词汇和句子结构进行分析，从而理解句子的语义，可见句法分析对于阅读理解而言是必不可少的。语义命题的形成（semantic proposition formation）需要从语义命题的定义着手。从词汇和短语中提取的信息一般构成短语和从句对应的语义单元，这些语义单元被称为语义命题。语义命题与词汇识别和句法分析同时形成，可以说是阅读理解的材料。另外，如果将语义命题理解为语义相连的信息网络，阅读理解则是指通过统合语义命题网络并将其添加到更大的信息网络中来实现理解文本的意义。

工作记忆（working memory）在上述处理过程中起着重要作用。

记忆是认知加工的基础，一般可分为长期记忆和工作记忆。如果长期记忆是我们的经历和环境的全部记录，那么工作记忆就是暂存处理指令和执行命令所需信息的场所。如果将其应用到阅读领域，那么工作记忆就可以说是激活阅读理解过程，由所有可用信息组成的总集合。过去20年的相关研究表明，工作记忆对阅读有着重大的影响，工作记忆的容量影响阅读能力的个体差异（Baddeley，2007；Cain，2006；Friedman & Miyake，2004；Perfetti，Landi & Oakhill，2005）。

1.3.2 高层级处理过程

高层级处理过程包括文本模式、情境模式、背景知识的使用和推断。文本模式（text model）是指识别单词后为了理解文本本身，对句法进行分析，对语义命题进行编码，将形成的命题与现有的语义网络主动整合的过程。情境模式（situation model）是一种将读者的背景知识与文本中的信息相结合，帮助读者有效地理解文本的模式。在情境模式中，读者的目的、期待、背景知识和态度等是重要的影响因素（Grabe，2009：44）。

一些关于学习者如何实际使用文本模式和情境模式的研究结果显示，对特定主题只具备基本背景知识的学生只记得文本中提供的基本信息，而具有广泛背景知识的学生则会记住高水平信息和批判性信息（Kintsch，1998；Long，Johns & Morris，2006；McNamara & Kintch，1996；McNamara 等，1996）。此外，当学习者阅读特定类型的文本时，他们倾向于使用一种模式。例如，在阅读说明性文本的过程中，他们倾向于使用文本模式；在阅读叙事性文本的过程中，他们倾向于使用情境模式。在阅读教学中，教师如果鼓励学习者使用自己不常用的模型，往往能提高他们的阅读理解能力。这与大脑通过额外的推理或构建其他模型而变得更加活跃有关。

1.3.3　阅读流利的读者的特征与阅读教学中的注意事项

以上提到的低层级处理和高层级处理都是在非常快的时间内发生的阅读处理过程，特别是对阅读流利的读者来说，这些处理过程仅发生在2秒内。在2秒内，一个阅读流利的读者可以阅读并专注于8个单词的含义，并经过短句分析，构建信息的语义单元。因此，如果我们能通过文本模式了解新的语义单元，那么我们也可以使用情景模式，根据目的、态度和背景知识对信息进行预测和解读。此外，在进行推理检查的同时，读者可以纠正错误，也可以进行评价性的文本阅读。换句话说，当多种技术达到自动化程度时，阅读效率就会得到提高。然而，如果读者在阅读中只是机械地理解文本，那么处理过程就不是自动化的，工作记忆也不能正常工作；单纯依靠情境模型触发不合适的背景知识，会引发一些问题，从而导致错误的理解和阅读动力的丧失。

1.4　阅读模式

阅读模式可能会因阅读目的而有所不同，通常可分为自下而上模式（bottom-up model）、自上而下模式（top-down model）和交互模式（interactive model）。

1.4.1　自下而上模式与自上而下模式

自下而上模式是从一个字母开始，依次理解一个单词和一个句子的机械过程，而不是关注文本本身的信息并对其进行推理。反之，自上而下模式是通过读者的期望、目标和阅读过程，以适当的推理进行理解的方法，这其中对理解有重要影响的是背景知识。将阅读看作自下而上模式的观点，基本上是基于将阅读视为信息处理的观点，可以说是将语言符号视为一种待处理的数据而构建的模型（Gough，1972）。Gough认为阅读的过程是线性的，阅读理解的

作用是将视觉系统转化为听觉系统。从这个角度来看，读者往往处于被动地位。与之相反，自上而下模式更加关注读者的角色，其特点是语义的形成不仅仅依靠文本本身，而且来自读者对文本的假设或推断，阅读是一个验证或预测的过程。在这种情况下，读者的背景知识越多，理解得越好，读者的角色不是被动的，而是主动的意义产出者。从这种意义上来看，如果说自下而上模式是受数据所驱动的，那么自上而下模式则是受概念所驱动的。提出这种自上而下模式的学者是 Goodman（1967、1994），他认为"解码"不是阅读，"理解"才是阅读，他的自上而下模式被称为心理语言学模型。然而，由于自上而下模式并没有解释读者所进行的信息处理过程或语义确认过程，所以又有学者提出了阅读的交互模式。

1.4.2 交互模式

交互模式假定读者的各个层次的知识与字母或单词所包含的信息相互影响，读者可以同时专注于理解和语言形式（Rumelhart，1977、1994）。Rumelhart 的阅读模型以图式理论（Schema Theory）的基本假设为前提，即文本中的新信息与读者拥有的信息相互影响并同时产生作用。其中不符合图式理论的部分是，通过修改或排除内容以更好地适应文本来进行交互作用。在阅读文本时，图式执行以下三个功能：首先，文本中的信息与读者自己的知识相结合；其次，在单词的各种含义中选择所需的含义；最后，选择所需的信息。此外，大多数读者在阅读文本的同时通过图式对内容进行预测。因此，在图式理论中，对文本的理解是读者主动认知和努力的结果。

为了更好地理解交互模式，我们在这里简单介绍图式理论。首先介绍图式（schema）的概念。图式是相关想法或概念的集合，它描述了人们如何将他们的日常经历构建成有意义的形式，人们通过这些形式概括经历、形成观点和理解新概念。也就是说，由于我们已经知道的知识对我们以后所学的知识有巨大的影响，所以在阅读

过程中，图式影响着对信息的解释以及判断信息的重要性并将其保存在长时记忆中的这一过程。

图式理论不是从阅读理论中发展而来的理论，而是关于存储在记忆中的知识结构的理论。在20世纪70年代和80年代，图式理论对阅读领域产生了重大影响，因为它能对信息进行类比、解释、概括和重构。图式理论在唤起读者理解文本方面发挥了重要作用。

图式主要分为两种：内容图式和形式图式。内容图式是读者对世界的知识结构，其内容理解的广度因读者的文化背景和知识深度而异。当内容图式与文本中呈现的信息不匹配时，反而会阻碍阅读理解。形式图式是读者对文本结构的了解，这种形式图式会随着年龄和学龄的增长而发展。如果读者具有形式图式，则其阅读理解能力相对较高。

1.1 읽기의 정의와 목적

> 읽기 위해 언제 가장 많은 시간을 보내는가? 읽기는 나에게 무엇인가?
> 읽기를 통해 나는 무엇을 하고 있는지 생각해 보자.

아침에 잠에서 깨어나 핸드폰을 보면서 하루를 시작하는 현대인들은 눈을 뜨자마자 읽기를 통해 세상과 소통한다. 물론 TV 혹은 라디오를 켜거나 가족의 목소리를 들으면서 하루를 시작하는 사람도 있겠지만 이들 또한 TV의 자막으로 드러나는 뉴스 정보, 혹은 라디오를 들으면서 핸드폰 속의 뉴스(또는 신문)를 읽으며 아침을 시작한다. 출근길 지하철이나 버스에서 대부분의 사람들은 각자 무엇인가를 보고 있다. 책을 보고 있는 소수의 사람들 이외에는 친구들과 문자를 주고받거나 핸드폰 안의 세상에서 누군가와 끊임없이 교류하기 위해 무엇인가를 읽고 가끔 자신의 의견을 쓰기도 한다.

인간은 언어를 통해 말하기, 듣기, 읽기, 쓰기라는 네 가지 기술을 배우고 익혀 세상과 소통한다. 연구에 의하면 이 네 가지 영역의 사용 비율은 듣기, 말하기, 읽기, 쓰기의 순서이며, 이 중에 듣기가 45% 정도로 반 정도에 이른다(Rivers, 1981; Morley, 1994)고 알려져 있지만 2020년대인 현재도 그럴까에 대해서는 의문이 든다. 현대인은 대부분의 시간을 읽거나 그것에 대해 가끔 말하고 글을 쓰고 보내면서 살고 있다고 하겠다.

그러면 무엇을 읽고 그것을 왜 읽는가? 보통 우리는 정보를 얻기 위해, 친구의 안부를 알기 위해, 재미있는 것을 읽으며 즐기기 위해 읽는다. 사람들은 전화로 안부를 묻던 과거와 달리 문자나

SNS로 상대방의 안부를 묻는 것에 편안함을 더 많이 느끼고 있다. 이것은 즉각적으로 상호작용이 이루어지던 방식보다 내가 읽고 대답하고 싶을 때 대답하는 방식을 통한 의사소통에 편안함을 더욱 느낄 수 있는 사람들이 많아지기 때문이다. 즉 즉각적인 의사소통인 듣기와 말하기보다 읽기나 쓰기를 통한 의사소통이 우리 삶의 일부가 되어 가고 있는 현상을 드러내고 있는 것이다. 그러므로 현대인에게 읽기는 듣기나 말하기만큼 많이 사용되는 의사소통의 양식이라 할 수 있다.

구체적으로 인간이 읽는 목적을 나열해 보면 다양한 견해가 존재하는데 Grabe & Stoller(2002)는 읽기의 목적을 첫째, 정보를 찾기 위한 읽기, 둘째, 빠른 이해를 위한 읽기, 셋째, 배우기 위한 읽기, 넷째, 정보의 통합을 위한 읽기, 다섯째, 쓰기를 위한 읽기, 여섯째, 텍스트 비평을 위한 읽기, 그리고 마지막으로 일반적 이해를 위한 읽기로 구분하였다. 이러한 분류는 읽기가 수행되는 과정에서 중첩되기도 하며 읽기가 하나 이상의 목적으로 수행되기도 하지만 모든 읽기의 근본 목적은 읽고 이해하는 것이며 목적에 따라 다양한 읽기 방법을 사용하는 것이다. 이에 대한 자세한 검토는 제3장에서 다루도록 하겠다. 이 장에서는 이러한 다양한 목적을 가지고 수행되는 읽기의 본질은 무엇인가를 다루면서 읽기를 정의해 보고자 한다.

읽기는 기본적으로 문자를 해독해가는 의사소통의 과정이다. 문자의 해독은 문장해석을 가능하게 하고 문장의 해석을 통한 의미 파악은 읽기 이해의 가장 기본적인 단위라고 말할 수도 있다. 때로는 문장의 해석이 맥락에 따라 달라지기도 한다는 점에 있어 읽기는 글쓴이의 의도와 목적을 파악하는 행위까지 포함하는 개

넘이 된다. 이러한 읽기는 그 목적에 따라 다양한 방법이 존재하므로 읽기에 대한 기본적인 정의를 하는 것이 간단하지 않다. 먼저 읽기를 기능으로 보는 행동주의적 관점에서는 읽기는 인간이 익힐 수 있는 다른 기능과 마찬가지로 교수 및 지도가 가능한 영역으로 보았다. 이에 읽기 능력을 사고 혹은 언어의 구성 요인으로 나누어 그것을 규명하고 지도하는 데에 관심을 두었다. 그러나 인지주의적 관점에서 읽기는 정보처리 기능으로서 언어 기호를 해독하는 것에 초점을 두고 청각 기호와 시각 기호와 발음의 처리 과정에 관심을 두었다. 한편, 구성주의적 관점에서는 이미 알고 있는 것을 바탕으로 새로운 의미를 재구성하는 것을 읽기라고 보았다. 읽기란 단순히 시각적인 표상을 음성으로 바꾸는 것이 아니라 의미로 전환시키는 것이며 텍스트로부터 그 의미를 추출하는 것이라고 본 것이다.

이렇듯 읽기에 대한 정의는 보는 관점에 따라 조금씩 다르게 해석되지만 공통적으로 '활자화된 매체를 통해 언어 형식으로 부호화된 정보를 받아들이고 정보를 해석하는 과정'(Urquhart & Weir, 1998)이라는 점이 포함된다. 이러한 읽기 이해는 '독자가 텍스트로부터 다양한 정보를 이끌어 내서 통합하여 그것을 이미 알고 있는 것과 결합시킬 때 일어난다'(Koda, 2005)고 할 수 있겠다.

1.2 읽기 능력 및 읽기 능력의 발달

> 읽기 능력은 무슨 능력과 관련이 있을까? 나의 읽기 능력은 어느 정도라고 말할 수 있을까?

의사소통의 기본적인 과정으로서의 읽기는 적어도 모든 인간이 저절로 습득하는 기술은 아니라는 점에서 읽기는 말하기나 듣기와는 다르다. 읽기는 학습을 통해서만 얻을 수 있는 언어 능력이며, 말하기와 듣기 능력이 발달된 뒤에 개발할 수 있는 능력임에 분명하다. 모국어로서의 읽기 능력의 발달은 유아기부터 청소년기에 이르기까지의 긴 발달 단계를 거치는 과정이다. 반면 제2 언어로서의 읽기는 학습자의 성격에 따라 이보다 빠르게 혹은 느리게 발달시킬 수 있는 과정이다. 제2 언어로서의 읽기 능력의 발달을 이해하기 위해서는 언어 습득에 대한 전반적인 이해가 필요하지만 이 장에서는 모국어 읽기 능력의 발달에 영향을 미치는 요소를 살펴봄으로써 제2 언어 읽기 발달 과정의 특징을 이해하기 위한 기초적 지식을 알아보고자 한다.

다음의 <표 1.1>은 모국어로서의 읽기 발달 단계를 제시한 것이다. Chall(1996)은 읽기 발달 단계가 인지발달 단계와 유사하다는 가정을 취하고 있다. 삐아제의 인지 발달 이론처럼 읽기 발달 단계는 학습자가 환경에 적응하기 위해 동화와 조절의 과정을 겪은 결과이며, 각 단계는 다른 단계와 질적으로 구별되는 특별한 구조와 특성이 있다(천경록, 1992)고 하였다. <표 1.1>은 이러한 각 단계에서 일어나는 특성을 제시하고 있다.

<표 1.1> 모국어 읽기 능력의 발달 단계 (Chall, 1996; Wood, 1992)

	출생~6살	1~2학년	3~4학년	5~6학년	중학교	고등학교	대학교 및 대학교 이상
Chall (1996)	0단계	1단계	2단계	3A 단계	3B 단계	4단계	5단계

Wood (1992)	읽기 능력 출현 단계	초기 읽기 단계	전이기 읽기 단계	자립 읽기 단계	세련된 읽기 단계
천경록 (1992)	독서 맹아기	독서 입문기	기초 기능기	기초 독해기	—
특성	1. 음성 언어 능력 발달 2. 모국어의 문법 구조 습득 3. 이야기 문법 이해	1. 문자와 낱말, 문장의 의미 이해 2. 시각 어휘 3. 단어 재인지 전략	1. 모르는 단어를 문맥을 통해 알 수 있음 2. 독서와 작문에 대한 동기화	1. 길고 다양한 글을 읽음 2. 묵독의 비중이 커짐 3. 다양한 분야의 독서	1. 기능적 문식성 활동 2. 관심 영역 확대, 전략적 독서

먼저 첫 번째 읽기 능력의 출현 단계에서는 아동이 음성 언어 능력이 발달한 뒤에 문자에 관심을 가지는 시기라 할 수 있다. 이미 상당한 정도의 어휘를 사용하고 있으며 언어 발달이 이루어지는 시기이므로 문법적 구조 및 이야기 문법에 대한 이해가 가능해진다. 두 번째 초기 읽기 단계는 초등학교 입학과 함께 읽기는 문자와 낱말, 문장을 읽는 것이며 이것을 가능하게 하는 시각 어휘를 통한 읽기가 가능한 시기이다. 초등학교 3~4학년 전이기가 되면 시각 어휘의 수가 늘어나며 유창성이 발달하게 된다. 초등학교 고학년이 되면 자립적으로 읽으며 길고 다양한 글을 읽을 수 있는 능력이 생긴다. 이들은 음독보다 묵독의 속도가 빨라지고 배경지식을 넘어서는 글을 읽을 경우에도 이해가 가능해진다. 그리고 마지막 단계로 넘어가면 스스로의 선택에 의한 전략적 읽기가 가능한 세련된 읽기 단계가 된다.

위의 표에서 보는 것처럼 모국어로서의 읽기 능력은 적어도 사춘기 이후까지 발달하는 능력이며 이것과 관련이 있는 것은 각 발달 시기의 특성과 관련하여 볼 때 음성, 문법, 문자, 낱말, 어휘, 전략과 같은 것들의 이해 및 발달과 관련이 있음을 알 수 있다. 다음 절에서는 이러한 읽기 능력을 구성하는 요소가 읽기 과정에 어떻게 관여하며 이것들이 이해 능력으로서의 읽기 능력 향상에 어떤 영향을 주는가를 살펴보도록 하겠다.

1.3 읽기의 원리 및 과정

> 읽을 때 머릿속에서는 무슨 일이 일어나고 있는가? 내가 빠르게 읽을 때와 천천히 읽을 때 머릿속은 어떻게 다를까?

모국어 읽기 능력은 위에서 살펴본 바대로 초등학교 이전부터 서서히 발달하여 성인에 이르기까지 이루어지는 단계적인 과정이며 이러한 과정들이 잘 발달하면 유창한 읽기 능력에 이르게 된다. 이 절에서는 유창하게 읽기 위한 과정을 살펴보겠다. 유창하게 읽는다는 것은 기본적으로는 빠르게 읽고 읽은 내용을 정확하게 이해한다는 것이다. 모국어 환경에서 유창하게 읽는 사람은 보통 1분에 200~300자 정도를 읽는다. 또한 유창한 읽기는 언어를 사용하는 학습의 과정이며 목적에 따라 유연하게 전략을 사용하여 효율적으로 읽는 과정이라고 말할 수 있다.

> **개념 이해: 읽기 유창성(Grabe, 2009: 291)**
>
> 읽기 유창성을 결정하는 핵심 요인은 단어 읽기 효율(word-reading efficiency), 어휘 발달(vocabulary development), 텍스트 읽기의 용이성(text-reading ease), 독해력 및 읽기 전략, 그리고 표현력이다(Schwanenflugel & Ruston, 2008; Pressley, Gaskins & Fingeret,

> 2006). 읽기는 제한된 인지 과정이므로 읽기 이해는 세 개의 하위 요소로 구성되는데 이는 자동화(automaticity), 정확성, 독해의 속도가 관련된다. 최근에 운율 구조(prosodic phrasing) 및 글의 맥락에 대한 인식도 유창성의 중요한 요소로 간주되고 있다.
>
>   1. 자동화는 빠르고 자유롭고 간섭을 받지 않는 무의식적인 작동 과정으로 장기적인 훈련이 필요하다고 본다(National Reading Panel, 2000).
>
>   2. 정확성은 단어 혹은 문장 인식 기술을 포함하는 유창성의 기초적인 요소이다(Breznitz, 2006; Perfetti, 2007; Torgesen, Rashotte & Alexander 외, 2001; Wolf & Katzir-Cohen, 2001). 유창한 단어 인식은 신속하고 자동적일 뿐만 아니라 완전하고 정확하게 해야 한다.
>
>   3. 독해의 속도는 다독을 하는 데 필수적인 요소로 읽기의 효율성을 높이고 독해력을 향상시킨다(Breznitz, 2006; Carver, 2000; Perfetti, 1985).
>
>   4. 운율 구조및 글의 맥락에 대한 인식(Dowhower, 1991; Kuhn & Stahl, 2003; Kuhn 외, 2006; Miller & Schwanenflugel, 2006; Schwanenflugel & Ruston, 2008; Schwanenflugel 외, 2004)도 유창한 독자가 가진 중요한 특성의 하나이다.

이러한 유창한 읽기가 가능해지기까지 읽기 과정에서 일어나는 단계의 절차와 작동 과정에 대해 살펴보자. 읽기의 목적은 다양하고 읽을 때 작동하는 인지적 절차들이 복잡하지만 읽기 이해 과정을 연구하는 연구자들은 읽기를 그것을 구성하는 기술과 그 기술들의 상호작용의 관점에서 연구하고 발전시켜 왔다. 여기에서도 이러한 전제를 바탕으로 읽기 능력을 구성하는 요소들이 어떻게 이해에 작용하는가를 기본 전제로 '하위 단계 처리 과정'과 '상위 단계 처리 과정'으로 나누어서 살펴보겠다.

1.3.1 하위 단계 처리 과정

자동화된 유창한 읽기는 하위 단계 처리 과정과 상위 단계 처리 과정이 상호작용하며 잘 이루어지는 경우라고 볼 수 있는데 각 영역에서 이루어지고 있는 절차를 간단하게 표로 제시하면 <표 1.2>와 같다.

<표 1.2> 읽기를 위한 처리 과정의 구성 요소 및 작용 모델

하위 단계 처리 과정	상위 단계 처리 과정
어휘 인식 통사적 이해 및 구문 분석 의미 명제의 형성	텍스트 이해 모형 독자의 해석을 위한 상황 모형 배경 지식의 사용 및 추론

먼저 하위 단계 처리 과정을 구성하고 있는 요소들부터 살펴보자.

○ 어휘 인식 (Word Recognition)

어휘 인식이란 한 눈에 어휘를 보고 그 의미를 이해해서 읽기가 가능하게 하는 단계로 여기에는 철자적 처리, 음운적 처리, 의미 통사적 처리, 어휘 접속, 형태적 처리를 통한 자동화된 어휘 인식이 이루어지는 절차이다. 다시 말하면, 지면에 기록된 어휘를 보고(철자적 이해) 빠른 속도로 시각적 형태와 음운상의 정보를 연결하며(음운적 처리) 적절한 의미적 요소와 통사적 요소를 찾고(의미 통사적 처리) 더 복잡한 어휘 형태인 경우에 형태적인 양상에 대한 인식(형태적 처리)이 필요할 수도 있고, 마지막으로 자신의 내적 어휘 목록에 접속하게 된다(어휘 접속). Perfetti & Hart(2001)는 이런 일련의 과정들을 어휘 인식의 '구성 요소'로 정의했다. 각 구성 요소들의 작동 방법과 이 작동이 읽기 처리 과정에 중요한 것인가에 대한 논의가 <표 1.3>[1]에 제시되어 있다.

<표 1.3> 어휘 인식의 단계별 작동의 절차

처리 단계	작동 방법	작동의 중요성
철자적 처리	-어휘를 시각적으로 인식하는 것 (문자, 어휘 모양, 글씨의 형태 포함) -문자별 개별 처리가 아니라 한꺼번에 처리됨	-철자가 많을수록 소요시간이 길어짐 -초보 독자에게 어려움 -파생어 처리에 도움
음운적 처리	-어휘 접속 전에 철자, 음운, 의미의 상호작용 절차로 음운적 활성화가 일어남	-읽기 장애의 핵심 -이중 경로 모델[2] -다발적 단선 모델[3]
의미-통사적 처리	-어휘 인식 후에 의미와 통사적 정보가 얻어진다고 보는 것이 아니라 의미와 통사적 정보가 자동활성화 메커니즘을 통해 어휘 인식에 기여한다고 봄	-예전의 활성화된 어휘와의 연상을 통해 일어남. 연어 형성이나 유사 의미 -연어 형성이나 유사 의미 파악

---

[1] 각 단계별 절차에 대한 Grabe(2009)의 제2장의 내용을 참고하였음.
[2] 이중 경로 모델에서는, 독립된 절차로서 어휘 접속을 하기 위해 음운의 재부호화를 통해 의미가 음운 정보에 의해 상호 보완되며 이것이 철자 정부와 나란히 "경주"(race)를 하면서 이중 경로로 어휘에 접속한다고 본다(Coltheart, 2005; Coltheart 외, 1993, 2001).
[3] 다발적 단선 모델에서는 시각적 입력에 의해 활성화된 어휘의 모든 하위 정보들(음운적, 철자적, 의미적)이 상호작용하면서 가장 적합한 어휘에 접속하도록 돕는다고 주장한다(Plaut, 2005).

어휘 접속	-어휘 형태가 시각적으로 활성화되는 동안 어휘 목록 안의 비슷한 시각적, 음운적 어휘와 연결 짓기가 활성화됨	-소리 내어 읽지만 의미를 모르는 경우는 음운적 요소만 접속하는 경우 -어휘 목록이 존재하지 않는 경우는 어휘 인식이 아니라 어휘 접속임 -초보적인 L2 독자의 어휘 목록의 부재는 어휘 인식이 어려워짐
형태적 처리	-형태 표지에 대한 인식 및 어휘와 연결된 통사적 정보를 이해하고 기본형을 분리하는 것	-접사에 대한 인식이 많을수록 어휘 인식에 유리함

읽기 이해는 어휘 인식과 관련이 있다는 상당수의 연구가 뒷받침되고 있기 때문에 어휘 인식에 대한 비판에도 불구하고 읽기에 있어 어휘 인식의 중요성은 두말할 필요가 없다.

○ 통사적 구문 분석 (Syntactic Parsing)

우리가 문장을 읽을 때 통사적 처리가 진행되고 있는가를 알아차릴 수는 없다. 그러나 다음과 같은 문장들을 비교해 보면 통사적 처리가 읽기 이해에 필수적이라는 사실을 확인할 수 있다.

예 1) 어제 아침에 일어나서 메일함을 여니 확인하지 않은 메일이 10개나 있었다.
예 2) 확인하지 않은 메일이 10개나 되는 것을 어제 아침에 메일함을 열고 나서야 알게 되었다.

예 1) 과 예 2) 를 읽어보면 예 1) 이 더 정확한 의미를 전달하고 있음을 알 수 있다. 다음의 예를 보자.

예 3) 고속도로 사고 서울 부산 10시간 걸렸다.
예 4) 고속도로에서 사고가 나서 서울에서 부산까지 10시간 걸렸다.

문장을 이해하기 위해서는 문장에서 기능을 하는 요소가 주는 문법 정보에 대한 단서가 없이 단순히 명사나 동사만으로는 의미 전달에 한계가 있음을 예3)과 예4)를 비교하여 보면 알 수 있다.

예 5) 도둑이 경찰에게 잡혔다.
예 6) 경찰이 도둑에게 잡혔다.

예 7) 엄마는 아빠보다 나를 더 좋아한다.
예 8) 설날에 친척들이 다 오지 않았다.

예 5)와 예 6)은 같은 단어가 쓰였지만 어휘의 순서가 바뀌면 문장이 완전히 달라지는 것을 보여준 예이며, 예 7)과 예 8)은 두 가지 의미로 해석이 가능한 문장이어서 문장을 어떻게 구문 분석을 하느냐에 따라 의미가 달라지는 예이다. 이러한 예문에서 우리는 문장을 이해하는 데에 있어서 문법적 정보가 지속적으로 사용되며 어휘와 문장 구조의 분석을 통해 의미 정보를 파악하는 것이 읽기에 필수적임을 확인하게 된다.

○ 의미 명제의 형성 (Semantic Proposition Formation)

어휘와 구문으로부터 추출된 정보가 일반적으로 구와 절에 해당하는 의미 단위를 구성하는데 이러한 의미 단위를 의미 명제라고 한다. 의미 명제는 어휘 인식 및 통사적 구문 분석과 동시에 형성되며 이는 읽기 이해를 위한 재료라고 할 수 있다. 또한 의미 명제를 의미상 연결되는 정보의 네트워크로 이해한다면 읽고 이해한다는 것은 의미 명제의 네트워크가 점화되고 그것이 더 큰 정보 네트워크에 더해지면서 명제들이 서로 연결됨으로써 읽기 텍스트의 의미가 구현되는 것이라 할 수 있다.

이상에서 살펴본 하위 단계 처리 과정의 구성 요소가 작용하는 데에 중요한 역할을 하는 것이 작업 기억(working memory)이다. 기억은 인지 처리가 이루어지는 가장 기본적인 토대이며 일반적으로 장기 기억과 작업 기억으로 구분할 수 있다. 장기 기억은 우리의 경험과 환경에 대한 기록의 전체라고 한다면 작업 기억은 이러한 기억을 위한 처리 지침과 처리 수행에 필요한 정보를 가지고 있는 곳이다. 이를 읽기의 측면에 적용시킨다면 작업 기억은 읽기 이해 절차를 활성화하고 사용 가능한 정보의 총집합이라 할 수 있는데, 작업 기억을 구성하고 있는 정보는 의식적인 관심을 통해서는 자동적으로 이루어지는 절차든 혹은 일상적인 과정이든 모든 사용 가능한 정보로 이루어져 있다. 지난 20년간 이루어진 작업 기억이 읽기에 영향을 주고 있는가에 대한 한 연구에서는 매우 상관관계가 높은 것으로 나타났으며 읽기 능력의 개인차를 작업 기억의 용량에서 찾는 논의들이 있어왔다 (Baddeley, 2007; Cain, 2006; Friedman & Miyake, 2004; Perfetti, Landi & Oakhill, 2005).

1.3.2 상위 단계 처리 과정

상위 수준의 읽기 처리 과정은 기본적으로 독자가 읽기 자원을 어떻게 이해하고 사용하는가에 대한 처리 과정이며 대부분은 자동적으로 이루어진다.

○ 텍스트 이해 모형 (text model of reader comprehension)

즉각적인 단어 인식과 문장의 통사적 구분 분석, 그리고 의미 명제가 부호화된 다음에 텍스트를 이해하기 위해서는 형성된 명제와 기존의 개념 네트워크가 활발하게 통합되면서 의미 결합을 하는데 이 과정을 텍스트 이해 모형이라고 한다. 텍스트의 개념을 응집성 있게 유지하기 위해 서로 연결되는 최소한의 추론 고리를 사용한 '다리 잇기'(bridging)를 활용하여 텍스트 모형을 구축하고 확장한다(Kintsch, 1998; Pressley, 2006). 학습자가 텍스트 이해 모형을 구축하기 위해서는 의미 명제들 간의 중첩되는 대상과 정보를 연결하는 단순한 작업 이외에 모든 정보의 차이를 분명히 해야 한다. 이는 기본적으로 텍스트 자체가 시사하는 바를 이해하는 모형이다.

○ 독자의 해석을 위한 상황 모형 (situation model of reader interpretation)

상황 모형은 독자 자신의 배경지식을 텍스트의 정보와 결합시켜 텍스트를 효과적으로 해석하도록 돕는 모형으로 텍스트의 내용에 전반적으로 동의하면서 독자적인 해석을 가능하게 한다. 상황 모형은 문맥의 요인뿐만 아니라 독자의 태도나 독자의 사전 지식이 영향을 미친다. 이에 영향을 미치는 구체적인 요인(Grabe,

2009: 44)을 제시해 보면 다음과 같다. ①독자의 목적, ②과업에 대한 기대, ③장르 활성화, ④비슷한 이야기 사례, ⑤일반적인 배경지식 자원, ⑥정보의 중요성, 재미, 흥미에 대한 평가, ⑦작가, 이야기, 장르, 에피소드에 대한 태도, ⑧해석에 필요한 추론 7가지가 있다.

상황 해석 모형의 예를 들면 어떤 텍스트를 읽으면 이전에 알고 있던 어떤 사례들이 장기 기억으로부터 활성화되며 읽기의 목적 및 목표가 결정된다. 읽게 될 텍스트에 대한 기대 및 태도와 감정 그리고 텍스트 장르에 대한 지식을 활성화하기 시작한다. 읽기 과정에서 필요에 따라 추론과 재미를 평가하게 되며 자신의 읽기 목표가 성취되었는가를 결정한다.

텍스트 이해 모형과 상황 해석 모형을 실제로 학습자들이 어떻게 사용하고 있는가에 관한 몇 가지 연구 결과를 살펴보면 이 두 모형과 학생들의 읽기 능력에 대한 몇 가지 시사점을 얻을 수 있다. 주제에 관한 최소한의 배경지식만을 가지고 있는 독자는 텍스트 안에서 제시된 정보만을 기억하는 반면에 폭넓은 배경지식을 갖춘 학생들은 높은 수준의 정보와 평가적인 논의를 함께 기억해 냈다 (Kintsch, 1998; Long, Johns & Morris, 2006; McNamara & Kintch, 1996; McNamara 외, 1996).

또한 학습자들은 특정 유형의 텍스트를 읽으면 텍스트 모형이나 상황 모형 둘 중 하나를 강조하는 활동을 하는데, 예를 들면 설명적인 텍스트에서는 텍스트 이해 모형을 서사적인 텍스트에서는 상황 해석 모형을 사용하는 경향을 보였다. 이러한 경향은 읽기 교수에 활용 가능한데 학습자들은 원래 읽기 과정에서 강조되지 않은 유형의 모형을 사용하도록 하면 텍스트 이해도가 증가하는 경향을 보였다. 이는 부가적인 추론이나 다른 모형의 구축을 통해 두뇌가 더 활성화되는 것과 관련이 있다.

1.3.3 유창한 독자의 특성 및 읽기 교수 시에 고려점

앞에서 살펴본 하위 단계의 처리 과정과 상위 단계의 처리 과정은 매우 빠른 시간에 일어나는 읽기의 처리 과정이며, 특히 유창한 독자에게는 이러한 처리가 2초 안에 일어나는 과정이다. 2초 동안 일어나는 읽기 처리 과정을 살펴보면 유창한 독자는 8개 단어의 의미에 접속하고 초점을 맞출 수 있으며 정보를 얻기 위해 절을 분석하고 의미 단위를 구성하게 된다. 그래서 새로운 의미 단위를 텍스트 이해 모형에 어떻게 연결할 것인가를 이해하게 되면 상황 해석 모형을 이용하여 목적, 태도, 배경지식에 따른 예측을 하고 정보의 해석 가능성을 열어둔다. 필요한 경우에 추론을 통해 이해를 점검하면서 오해를 수정하게 되면 텍스트의 정보를 비판할 수 있다고 한다. 다시 말해 읽고 이해하는 처리는 여러 기술이 자동적일 때 동시에 작동하게 되며 읽기가 효율적으로 이루어진다면 몇몇 처리는 자동적으로 이루어져야 한다. 그런데 단순한 텍스트 처리만을 통한 번역적 이해를 한다면 자동화가 되지 않아 작업 기억의 작동이 제대로 되지 않게 되며 상황 모형에만 의지하여 억지로 이해하려 한다면 부적절한 배경지식의 활성화로 텍스트의 상황과 맞지 않는 문제가 발생하여 읽기 이해는 물론 읽기 동기를 잃게 하는 문제를 야기할 수 있다.

1.4 읽기의 과정 모형

앞 절에서 읽기 능력과 관련이 있는 요소 및 읽기의 과정에 관여하는 요소들이 어떻게 단어를 읽고 이해하게 되는가에 대해 설명하였다. 즉, 읽기 능력을 이루고 있는 요소 및 읽기 과정에 대한 통합적인 설명이 읽기 모형이라 할 수 있겠다. 읽기 모형은 읽기의 목적에 따라 다르게 작동할 수 있으나 흔히 상향식 모형과 하향식 모형과 이 둘이 함께 작용하는 상호작용 모형으로 나누어 설명된다.

1.4.1 상향식(bottom-up) 모형과 하향식(top-down) 모형

상향식과 하향식으로 나누어 설명하는 것은 읽기의 과정을 쉽게 이해하기 위해 일반적으로 사용하는 용어로 이해가 어떻게 작동하는지에 대한 처리 과정의 가설을 반영하는 개념이다.

상향식 모형은 한 글자에서 출발하여 한 단어, 한 문장을 차례로 이해하는 기계적인 과정이며, 텍스트 자체의 정보에 집중하고 추론하지 않는다. 반대로 하향식 모형은 독자의 기대나 목적, 읽는 과정에 의해 통제되면서 적절한 추론을 통해 이해하는 방법이며 이해에 중요한 영향을 끼치는 것은 배경지식이다. 읽기를 상향식 모형으로 설명하는 관점은 기본적으로 읽기를 정보 처리로 보는 관점에 기인하며 언어 기호를 일종에 처리해야 하는 자료로 보고 있는 자료 기반의 모형이라 할 수 있다. 이러한 모형으로 읽기 모형을 설명한 학자는 Gough(1972)로 읽기의 과정은 선형적이며 시각 체계가 청각 체계로 전환되면서 읽기 이해가 작동한다고 보았다. 이러한 관점에서 독자의 역할은 수동적이라고 할 수 있다. 이와 반대로 독자의 역할에 초점을 둔 모형은 하향식 모형이다. 읽기에서의 의미 형성은 글 자체에 의한 것이라기보다는 글에 대한 독자의 적극적인 가정이나 추측에서 비롯된 것이라고 보며 읽기는 가정을 검증해 나가는 과정이라고 보는 것이 하향식 과정의 특징이다. 이때 독자의 배경지식이 많을수록 이해가 더 잘 되며 독자의 역할은 수동적인 역할이 아니라 능동적인 의미 생산자이며 그런 의미에 있어 상향식이 자료 주도적(data-driven)이라면 하향식은 의미 주도적(concept-driven)이라고 할 수 있다. 이러한 하향식 모형을 제시한 학자는 Goodman(1967, 1994)으로 해독(decoding)은 읽기가 아니며 단지 이해가 읽기라고 하였고 그의 하향식 모형은 읽기의 심리 언어학적 모형이라고 불린다. 그러나 이러한 하향식 모형은 독자가 행하는 정보 처리 과정이나 의미의 확인 과정에 대한 설명이 없었으므로 읽기의 상호작용 모형으로 나아가게 되었다.

1.4.2 상호작용(interactive) 모형

상호작용 모형(Rumelhart, 1977, 1994)은 독자에 의해 형성된 다양한 지식의 수준과 문자 혹은 단어 자체의 형식이 가지고 있는 실제적 지식이 서로 상호 영향을 준다는 것을 전제하며 독자는 이해와 언어 형식 자체에 동시에 초점을 맞추면서 읽는다고 주장하였고, 이러한 견해들이 스키마 이론으로 정립되어 나갔다. 다시 말하면 Rumelhart의 읽기 모형은 글에 들어있는 새로운 정보와 독자 자신이 가지고 있는 정보가 상호 영향을 주고받으면서 동시에 작용하는 것으로 스키마 이론의 기본 가정을 전제하고 있다. 스키마에 맞지 않는 것이 있냐면 이야기에 더 잘 맞도록 내용을 수정하거나 제외하면서 상호작용이 이루어진다고 본 것이다. 글을 읽을 때 스키마는 여러 가지 기능을 수행하는데 우선 글 속의 정보와 독자 자신의 지식을 통합하게 한다. 둘째, 낱말의 여러 가지 의미 가운데 필요한 의미를 선택하게 하며 셋째, 필요한 정보를 선택하게 하는 기능을 한다. 또한 대부분의 독자는 스키마를 통해 다음 내용을 예측해 가면서 글을 읽는다. 그러므로 스키마 이론에서 말하는 글의 이해는 독자의 능동적인 인지와 노력의 결과라고 할 수 있다.

개념 이해:

1. 스키마

스키마란 서로 관련된 생각이나 개념이 조직화된 집합체라 할 수 있다. 다시 말하면 사람들이 매일 일상생활의 경험들을 어떻게 의미 있는 형태로 조직화하느냐를 설명하는 말로 사람들은 스키마를 통해 경험을 일반화하고 의견을 형성하고 새로운 개념을 이해하게 된다. 즉, 이미 알고 있는 지식이 앞으로 배울 것들에 많은 영향을 주는 요소로서 읽기 과정에서 스키마는 정보를 해석하고, 정보의 중요성을 판단하고 장기 기억으로 남게 하는 데에 영향을 미친다.

2. 스키마 이론

스키마 이론은 읽기 이해의 이론에서 출발한 것이 아니라 기억 안에 저장된 지식의 구조에 관한 이론이다. 1970~1980년대에 스키마 이론은 읽기 분야에 많은 영향을 미쳤는데 이는 스키마가 정보의 유추와 해석, 요약 및 재구성하게 하는 모든 활동을 가능하게 하였기 때문이다. 스키마 이론은 읽기에 있어 텍스트를 잘 이해할 수 있도록 독자의 역할을 환기시키는 데 큰 역할을 하였다.

3. 내용 스키마와 구조 스키마

내용 스키마는 독자가 가진 세상에 대한 지식의 구조로서 독자가 가진 문화적 배경 및 지식의 깊이에 따라 내용 이해의 폭이 달라진다. 이러한 내용 스키마가 글에 제시된 정보와 일치하지 않을 때는 오히려 읽기 이해에 방해가 되기도 한다. 구조 스키마는 독자가 가지고 있는 글의 구조에 대한 지식으로 이러한 구조 스키마는 나이와 학년에 따라 발달하게 되며 글에 대한 구조 스키마가 있을 경우 이해력이 높아진다.

제 2 장
모국어 읽기와 제 2 언어 읽기

中文导读

第二章　母语阅读与第二语言阅读

2.1　母语阅读与第二语言阅读的差异

学习者在进行母语阅读和第二语言阅读时所使用的方法截然不同，从阅读目的到处理过程都呈现出差异。本节将简单论述母语阅读与第二语言阅读之间的区别。

2.1.1　阅读初始阶段语言处理过程的差异

比较第二语言阅读和母语阅读的初级阶段就会发现，两者在词汇知识、语法知识和语篇知识的数量上存在差异。如果按进入小学就开始进行母语阅读来计算的话，可以推断出母语学习者在学龄前能掌握 5000～8000 个口语词汇，另外还会习得发音和文字的结合、语法等内在性知识。但是，第二语言成人学习者在开始学习文字时，几乎同时开始学习口语、听力、阅读和写作。掌握第二语言 8000 多个词汇的学习者属于高级学习者，而要想在第二语言语音、语法等方面取得进步，则需要相当长的时间。

另外，为了习得阅读所需的基本语言知识，第二语言学习者的

认知处理过程也和母语学习者有所不同。初次学习母语单词时，在基本的认知处理过程中会联想到相关单词的声音和意义，以及其所指代的事物或概念。但是初次学习第二语言单词时，则需要先经历翻译成母语的阶段。第二语言学习者一开始会将新学习的单词与已知的母语单词相联系，随着学习的深入，便会越过这样的"翻译"过程，开始直接将单词与概念相关联。除此之外，在认识单词的速度和处理过程方面，第二语言阅读的速度更慢，准确性也更低。

2.1.2 语言发展的差异和教育环境的差异

大部分第二语言成人学习者在学习阅读时，已经拥有相当丰富的母语阅读经验，他们会利用母语的阅读技能和阅读策略。在进行第二语言阅读和母语阅读时，学习者所接触到的阅读资料在数量上也有相当大的差异。母语学习者即使一天仅阅读一个小时，一年也会接触到数量相当多的词汇，会自动掌握并使用高频词汇。但是第二语言学习者能接触到的资料非常有限，并且大部分时间是在教室里学习。另外，在课堂环境中的阅读更多是为了促进语言技术的进步，所使用的阅读资料内容简略，便于在教学时间内学完。

2.1.3 阅读目的、动机、社会文化的差异

与母语阅读相比，第二语言阅读往往是为了语言学习而开始的，并且第二语言的阅读动机也与母语阅读不同。大多数情况下，第二语言阅读只在被作为语言学习的辅助手段时，或只有使用第二语言才能获取信息时才会进行。而在进行母语阅读时，读者的社会文化背景知识不同，阅读理解也随之产生差异，即有的背景知识会影响阅读。不同的文化圈在文本类型的选用上也存在差异，因为各个文化圈有着不同的文化偏好，在对文本题材的喜好度和说服方法上存在差异，所以对第二语言读者来说，理解这样的差异是有难度的。

2.2. 第二语言阅读能力进步的假说

2.2.1 语言发展的相互依赖假说（Developmental Interdependence Hypothesis）

相对于口语、写作、听力这些语言技能而言，第二语言阅读受母语的影响更大，这是因为阅读理解是以人类的认知作用、信息处理过程为基础的理解过程。因此，第二语言阅读是一种复杂的认知过程，在母语阅读所具备的阅读要素的基础上，还需要第二语言的基本语言能力。

语言发展的相互依赖假说是母语阅读能力迁移到第二语言阅读能力的假说。Cummins（1979、2000）的研究主张母语读写能力强的学生在第二语言读写能力方面更容易取得进步。他认为，如果母语阅读能力强，母语的语言性、认知性资源会被迁移到第二语言，没有必要学习第二语言阅读。Cummins（2000）在研究中指出，这样的主张更适用于认知学上的语言能力（cognitive academic language proficiency，CALP）。

然而，随着研究重点从母语阅读能力何时能迁移转移到迁移的条件，认为在第二语言能力达到某一程度之前迁移不可能发生的语言门槛假说诞生了。

2.2.2 语言门槛假说（Language Threshold Hypothesis）

语言发展的相互依赖假说认为，母语阅读能力是第二语言阅读能力的构成要素，对第二语言阅读影响最大。但是，如果观察语言学习者的阅读能力，就会发现因为第二语言知识或语言能力不足而无法阅读的现象。

Alderson（1984）的研究主张第二语言知识比母语阅读能力更重要，存在将母语阅读能力迁移到第二语言阅读能力的语言门槛。换句话说，第二语言基本能力不足会妨碍将母语阅读能力迁移到第

二语言阅读能力，语言能力只有达到一定水准才可能发生迁移。Alderson（1984）提出了一个著名的问题：第二语言阅读是阅读问题，还是语言问题？这种论述看起来似乎与语言发展的相互依赖假说相冲突，但是比起冲突，将其看作关于迁移时期的论述更为恰当，因为语言门槛假说不是论述母语的阅读技能是否能够被迁移，而是论述什么时候被迁移的假说。也就是说，语言门槛假说主张在第二语言阅读能力中，比起母语阅读能力，第二语言的语言能力更重要。

2.2.3　两种语言体系的相互作用（Interactions of a Dual Language System）

Koda（2007）的研究认为，第二语言阅读定义了母语和第二语言之间的关系，所以在第二语言阅读中重要的是理解在阅读处理过程中两种语言之间是如何互动的。最近的争议点是第二语言学习者在使用两种语言体系进行阅读时，两种语言是如何相互作用的。大部分研究主张在第二语言阅读理解中，母语阅读能力和第二语言的语言技能是重要的因素。

在第二语言阅读教育中必须考虑的是母语与第二语言之间的语言距离，即两种语言之间的差异点。差异点表现在语言的拼写、音韵、形态和语法上。语言之间距离越远，越需要更多的语言处理。

○　两种语言间语言处理的多样性

母语是什么样的语言和母语与第二语言之间的差异会影响第二语言阅读。例如，母语是使用汉字的汉语和日语的学习者会更多地使用视觉性处理方式，而英语圈的学习者则会更多地使用对字母的认读方式。母语处理经验会影响第二语言的形态认识，很大程度上影响单词处理过程。

○　语言形态深度假说（Orthographic Depth Hypothesis）

不同语言的语言形态在声音和文字对应上存在着不同程度的透明度（transparency），那些能以清晰的一一对应的关系表征其

语音的语言形态，是具有表面形态体系的浅度语言形态（shallow orthography）或透明语言形态（transparent orthography）。相反，那些不能以清晰的一一对应关系表征其语音系统的语言形态，是具有深层形态体系的深度语言形态（deep orthography）或不透明语言形态（opaque orthography）。汉语和日语的语言形态属于非常不透明的语言形态，而在使用罗马字母的语言中，英语属于最不透明的语言（例如：cell/call，nation/national）。相对于英语，法语和丹麦语具有相对透明的语言形态，德语和西班牙语具有更加透明的语言形态。

在学习过程中，学习者面对透明的语言形态和不透明的语言形态所表现出的处理方法不同，在学习与母语的语言形态深度不一致的其他语言时，特别是从浅度语言形态的语言跨越到深度语言形态的语言时，学习难度相对更高。

韩语属于浅度语言形态语言吗？韩语不像汉语或日语一样使用汉字，因此不能被看作具有深度语言形态的语言。另外，韩语的语音由元音和辅音拼合而成，也可以说是具有浅度语言形态。但是，学习韩语要先学习音韵体系才能阅读单词和句子，如果不学习音韵体系，就无法知道拼写和声音存在不一致。从这一点来看，韩语的语言形态比西班牙语更深。

2.1 모국어 읽기와 제 2 언어 읽기의 차이

> 제2 언어로 재미있게 읽은 재미있는 책이 있는가? 내가 가장 최근에 제 2 언어로 읽은 글은 무엇인가?

학습자는 글을 읽을 때 모국어로 읽는지 제 2 언어로 읽는지에 따라 전혀 다른 방법을 사용하며 읽기의 목표부터 처리 과정까지 차이점을 드러낸다. 이 절에서는 모국어 읽기와 제 2 언어 읽기의 차이를 언어적 차이부터 언어를 사용하는 환경까지 간단하게 살펴보고자 한다.

2.1.1 읽기 시작 단계에서의 언어적 처리 과정의 차이

제 2 언어 읽기의 초기 단계를 모국어 읽기의 초기 단계와 비교해 보면 어휘 지식, 문법 지식 및 담화 지식의 양이 차이가 있음을 알 수 있다. 대체로 초등학교에 들어가서 모국어 읽기를 시작한다고 생각할 때 모국어 학습자는 학령기 전에 대략 5,000~8,000 개의 구어 어휘를 알고 있는 것으로 추정된다. 또한 음성과 글자의 결합, 모국어의 문법에 대한 내포적 지식이 습득되어 있다. 그러므로 학령기에 들어서 읽기를 배우기 시작하는 모국어 학습자는 단어의 저장 공간이 충분할 뿐만 아니라 모국어의 형태론적, 통사론적 지식 및 담화적 지식까지도 상당한 수준을 갖춘 상태에서 글자를 배우고 읽기 시작하는 것이다. 그러나 제 2 언어 성인 학습자의 읽기를 생각해 보면 글자를 배우는 것과 동시에 말하기, 듣기, 읽기, 쓰기를 학습하는 순서가 교수법에 따라 약간의 차이가 있을지라도 거의 동시에 시작한다. 제 2 언어로 8 천여 개의 어휘를 아는 정도는 상당히 고급 수준에 속하는 독자이며 언어를 배우기 시작한 뒤에 제2 언어로 음운론적, 통사론적 지식이 발달하려면 상당한 기간이 소요된다. 다시 말해 제2 언어 학습자는 읽기 이해 능력을 발달시키기 위한 전제로서 언어적 지식이 발달되어야 한다는 점에 있어 읽기 학습의 초기 단계가 상당히 다르다는 것을 알 수 있다.

또한 읽기를 위한 기본적인 언어적 지식을 습득하기 위해서도 제2 언어 학습자들의 인지적 처리 과정은 모국어 학습자와 다르다. 우리가 모국어 단어를 처음 익힐 때 그것의 소리와 의미 그리고 그것이 가리키는 사물이나 개념에 연결시키는 것이 기본적인 인지적 처리 과정이라면, 제2 언어 단어를 처음 배울 때는 이러한 단계에 모국어로 번역하는 단계가 들어갈 수밖에 없다. 제2 언어 학습자들은 새로 배우는 단어를 이미 알고 있는 모국어 단어와 연결되는 개념으로 의미화하기 시작하다가 시간이 지나면서 이러한 '번역'의 과정을 건너뛰고 개념과 직접적으로 연결되기 시작한다. 이러한 경험은 외국어를 배운 적이 있는 사람이라면 누구나 경험하게 되는 자연적인 현상이다. 그뿐만 아니라 단어 인식의 속도와 처리 과정에 있어서도 제2 언어 읽기의 경우에 더 느리고 정확성도 떨어지게 된다.

2.1.2 발달상의 차이 및 교수 환경의 차이

성인인 제2 언어 학습자가 읽기를 학습할 때는 이미 모국어의 읽기 경험이 상당한 정도에 이른 경우가 많으며, 모국어 읽기의 다양한 읽기 기술 및 읽기 전략의 사용이 가능한 경우가 대부분이다. 그러므로 이들은 제2 언어 읽기를 위해 자신이 가진 읽기 경험과 읽기 기술을 가져오며, 이러한 학문적 기술이 제2 언어 읽기 연습을 통해 발달하게 된다. 그러나 두 종류의 읽기에 있어 학습자들이 경험한 읽기 자료의 노출은 그 양에 있어 상당한 차이가 난다. 모국어 학습자는 하루에 한 시간씩만 읽어도 매년 엄청난 양의 단어에 노출되었으며 사용 빈도가 높은 단어들을 자동적으로 인식하게 된다. 그러나 제2 언어의 경우는 매우 제한된 인쇄물을 접하게 되며 대부분은 학교 교실 환경에서 이루어진다. 또한 언어 학습 교실에서의 읽기는 읽기 내용의 이해보다 언어 기술의 발달에 초점이 맞춰진 경우가 대부분이며, 읽기 자료 또한 언어 학습 시간에 완료될 수 있는 간략한 내용으로 이루어져 있다.

2.1.3 기타 읽기의 목적, 동기, 사회 문화적 차이

모국어 읽기에 비해 제2 언어 읽기는 언어 학습을 위한 읽기로 시작되는 점에 있어 차이가 나며, 제2 언어로 된 읽기는 모국어 읽기와 다른 동기에서 출발하는 경우가 많다. 특정 시간 안에 빠르게 읽는 속도가 느린 제2 언어로 읽어야 하는 경우는 언어 학습의 보조 수단이거나 제2 언어로만 정보 습득이 가능한 경우가 대부분이다. 즐거움을 위한 읽기나 일반적으로 모국어로도 습득이 가능한 지식을 얻기 위해 제2 언어로 읽는 경우는 드물게 일어난다.

또한 모국어 읽기에서는 사회 문화적 배경지식에 의해 읽기 이해가 달라지며, 이미 가지고 있는 이러한 지식이 읽기에 영향을 미친다. 서로 다른 문화 안에서는 텍스트 장르의 사용이 달라질 수 있다. 각각의 문화권은 다른 문화적 선호도를 가지고 있어서 장르 전개의 선호도나 설득의 방법에 있어 차이를 보인다. 이러한 차이는 제2 언어 독자들이 이해하기 힘들 수 있다. 또한 어떤 사회 집단에서는 텍스트를 변하지 않는 것으로 보는 반면에 다른 사회 집단에서는 높은 가치를 부여하지 않을 수도 있다. 독자들은 각자가 처한 사회에서 자기의 방식대로 텍스트를 활용하며 제1언어 교육에서 사회화시킨다. 한 문화에서 다른 문화로 옮겨가는 제2언어 독자들은 문화적인 가정을 보완하지 않으면 텍스트를 읽을 때 어려움을 느낄 가능성이 높다. 이러한 상황에 놓인 학습자들에게는 교사의 도움이 필요하다. 교사가 문화적인 차이를 제2언어 학습자에게 제시하면 학습자들의 이해에 도움이 될 것이다.

2.2 제2언어 읽기 능력 발달의 가설

2.2.1 발달상의 상호 의존 가설(Developmental Interdependence Hypothesis)

제2언어 읽기는 다른 언어 기능인 말하기나 쓰기, 듣기에 비해 모국어 읽기 능력의 영향을 많이 받는다. 이는 기본적으로 읽기 이해가 인간의 인지적 작용, 정보 처리 과정을 기본으로 한 이해의 과정이기 때문이다. 그러므로 제2언어 읽기는 모국어 읽기가 가지고 있는 읽기의 요소에 더해서 제2언어의 기본적인 언어적 능력을 필요로 하는 복잡한 작용이다. 발달상의 상호 의존 가설은 모국어 읽기 능력이 제2언어 읽기 능력으로 전이된다는 것이다. Cummins(1979, 2000)는 발달상의 상호 의존 가설로 분류되는 그의 이론에서 모국어의 발달된 문식성을 가진 학생들이 모국어의 읽기 능력을 넘어서 제2언어의 읽고 쓰는 능력 면에서 더 발달이 쉽다고 주장한다. 그는 읽기와 읽기 학습은 모국어로 읽기 능력이 발달되면 모국어의 언어적, 인지적 자원이 제2언어로 전이될 수 있고 다시 제2언어로 배울 필요가 없다고 하였다.

Cummins(2000)의 이러한 주장은 모든 언어 능력에서보다 인지 학문적 언어 능력[4](cognitive academic language proficiency, CALP)에 더 적용된다고 말했다.

문지방 가설을 지지한 연구 이래로 많은 연구들이 기본적인 언어 능력이 어느 정도인가의 문제뿐만 아니라 어떤 언어 기술은 전이가 되고, 어떤 기술은 전이되지 않는가, 혹은 학습자의 수준이나 나이, 학습자의 모국어와 목표어의 차이가 전이의 정도를 결정하는 요소라는 결론으로 제시되기도 하였다(Van Gelderen 외, 2007).

개념 이해: Cummins(1979, 2000)의 읽기 가설에서 알아야 하는 몇 가지 개념

1. 공통 기본 능력(common underlying proficiency)

Cummins는 모국어 능력과 제2 언어 능력의 관계를 <그림2.1>에서 보이는 언어 상호 의존성의 빙하 모델로 설명하였는데 수면 위에서 보면 두 언어가 서로 떨어져 있는 것처럼 보이지만 수면 밑을 보면 공통의 기본적인 능력인 중앙처리시스템에 의해 운영되고 있다고 보고 있다. 모국어는 생각을 음성으로 전환해주는 기본 도구이며, 이러한 기본 도구가 먼저 발

---

4 <표2.1> 의사소통의 2가지 언어 능력 (Cummins, 1984; Baker, 2006).

기본적 대인관계를 위한 의사소통 기술 BICS (Basic Interpersonal Communication Skills)	인지 학문적 언어 능력 CALP (Cognitive Academic Language Proficiency)
사회적 상황에서 요구되는 언어 기술	학문적 상황에서 요구되는 언어 기술 (교과 영역에 대한 읽기·쓰기·말하기·듣기 기능을 모두 포함)
다른 사람과 상호작용하기 위해 필요한 일상 언어에서 BICS를 요구함	학교에서 성공적으로 학습하기 위해 반드시 필요한 능력
의미 있는 사회적 맥락(meaningful social context)에서 일어남	축소된 맥락(reduced context)에서 일어남 (비언어적 의사소통의 부재, 추상적, 사회적, 언어적 지식이 요구됨)
맥락적 단서(비언어적인 의사소통을 포함)에 의해 언어가 이해됨	학문 언어 습득은 단순히 내용 어휘의 이해가 아니라 비교, 분류, 통합, 평가, 추측을 포함
보통 2년 정도가 걸림	학생들이 CALP를 키우기 위해서는 보통 5년에서 7년 정도가 걸림
예시) 전화로 이야기하기, 얼굴 마주보고 대화하기	예시) 실험이나 증명하기, 입시 시험 풀기

달한 후에 제2 언어를 습득하는 것이 인간의 공통의 능력을 발전시키는 방법이라고 말하고 있다.

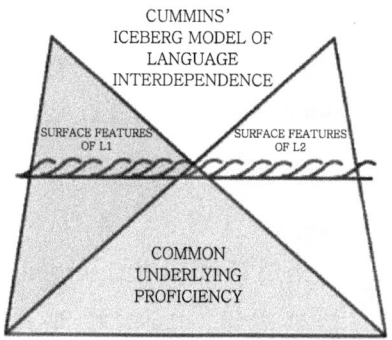

<그림2.1> Cummins의 언어의 상호의존성에 대한 빙하 모델

2. 발달상의 상호 의존 가설

모국어의 발달된 읽기 쓰기 능력을 가진 학생이 제2 언어에서도 발달이 잘 이루어진다는 가설이다. 읽기 능력은 어느 정도의 자동성과 유창성을 포함하며, 어느 정도의 능숙한 경우에 모국어의 읽기 능력이 제2 언어 읽기에 전이가 될 수 있다고 주장하였다. 이 가설에 따르면 학문 목적의 제2 언어 학습자들은 제2 언어에 능숙하지 않아도 학문적인 모국어 읽기 기술을 사용하여 성공적으로 제2 언어 읽기 이해를 할 수 있다고 본다. Cummins의 상호 의존 가설의 개념은 모든 언어 능력에 적용된다고 하기는 어렵지만 인지 학문적 언어 능력에서는 설명 가능한 가설이다. 이 가설에 대한 최근의 논쟁은 무엇이 Cummins가 말한 공통 기본 능력에 속하는 것이냐에 관한 문제이다.

그러나 이런 모국어 읽기 능력의 전이가 언제 가능한가에 대한 논의는 전이의 조건에 대한 연구의 초점이 옮겨가면서 L2 언어 능력이 어느 정도 수준에 도달하기 전까지는 전이가 가능하지 않다는 언어 문지방 가설이 나타났다. 다음에서 이를 살펴보자.

2.2.2 언어 문지방 가설(Language Threshold Hypothesis)

발달상의 상호 의존 가설은 제2 언어 읽기 능력의 구성 요소 혹은 제2 언어 읽기에 가장 많은 영향을 미치는 것은 모국어 읽기 능력이라고 보지만 실제로 언어 학습자의 읽기 능력을 살펴보면 제2 언어 지식이나 언어 능력이 부족해서 읽기가 이루어지지 않는 모습을 보게 된다. Alderson(1984)은 제2 언어 지식이 모국어 읽기 능력보다 더 중요하며 모국어 읽기 능력은 제2 언어 능력으로 전이되기 위한 언어적 문지방(Language Threshold)이 있음을 주장하였다. 다시 말해, 기본적인 제2 언어 능력의 부족은 모국어 읽기 능력이 제2 언어 읽기 능력으로 전이되는 것을 방해하기 때문에 일정 수준 이상의 언어 능력에 도달한 다음에 전이가 가능하다는 가설이며 이를 지지하는 연구자들이 많아졌다. Alderson(1984)은 '제2 언어 읽기는 읽기의 문제인가? 언어의 문제인가?'라는 논의를 불러오면서 언어 문지방 가설을 위한 논의의 틀을 만들었다. 이러한 논의는 발달상의 상호 의존 가설과 충돌하는 것처럼 보일 수 있지만 충돌이라기보다는 전이의 시기에 대한 논의로 보는 것이 마땅하다. 문지방 가설은 모국어의 읽기 기술이 전이되는가 아닌가의 문제가 아니라 언제 전이가 되는가의 문제이기 때문이다. 다시 말해, 언어 문지방 가설은 제2 언어 읽기 능력은 모국어 읽기 능력보다 제2 언어의 언어 능력이 더 중요하다는 것을 주장하고 있다는 것이다.

2.2.3 이중 언어 체계의 상호작용(Interactions of a Dual Language System)

Koda(2007: 28)는 제2 언어 읽기는 모국어와 제2 언어 이중 언어의 관계로 정의되는 것이므로 제2 언어 읽기에서 중요한 것은 읽기 처리 과정에서 어떻게 두 언어가 소통하는지를 이해하는 것이라고 하였다. 최근의 쟁점은 제2 언어 학습자는 이중 언어 체계로 읽기를 수행하는 점을 인정하면서 어떻게 두 언어가 상호작용하는가에 관심이 모아져 대부분은 제2 언어 읽기 이해에 모국어 읽기 능력과 제2 언어의 언어적 기술이 중요한 변수라고 파악하고 있다.

제2 언어 읽기 교육에서 반드시 고려해야 하는 점 중 하나는 모국어와 제2 언어의 언어적 거리, 다시 말해 두 언어 간의 차이점이다. 이러한 차이는 언어의 철자법, 음운론, 형태론, 통사론, 의미론 모두에서 나타나는데 언어적 거리가 먼 경우에 더 많은 언어적 처리를 해야 하는 부담을 지게 된다. 모든 학습자들은 앞에서 알아본 것처럼 빠른 속도의 단어 인식 처리 과정을 거쳐 텍스트의 의미를 이해하고 목표에 따른 읽기 이해 처리 과정이 일어난다. 제한된 용량의 작업 기억 체계를 사용하기 때문에 잘 훈련된 처리 기술은 자동화되는데 상이한 여러 언어는 언어적 특질에 따른 처리 체계가 다르며 특히 제2 언어와 모국어의 차이가 크게 나타날 경우 처리에 시간이 걸리게 된다. 예를 들어 대부분의 언어에는 명사, 동사가 있으며 모음과 자음이 있고, 1인칭, 2인칭을 가리키는 말이 있는 것과 같이 모든 언어에 보편적인 성질이 있지만 언어별 세부적인 차이는 다양한 학습자들의 모국어 사이에 존재한다. 언어의 철자법만 보더라도 영어나 한국어는 음운이 쓰기 체계를 이루고 있지만, 일본어나 자바어 같은 경우는 음절을 나타내는 기호가 쓰기 체계를 이룬다. 중국어의 경우는 단음절이 하나의 형태소를 이뤄 문자가 의미 요소까지 포함하고 있는 쓰기 체계를 가지고 있다.

○ 두 언어 간의 언어적 처리의 다양성

> 한국어의 철자법에서 소리와 글자의 대응은 어떤 양상을 보일까? 외국인이 한국어를 배울 때 한국어의 철자법은 소리와 대응이 쉽다고 생각할까?

제2 언어 읽기가 모국어 읽기와의 상호작용이라고 한다면 모국어가 어떤 언어인가와 이것이 제2 언어와 어떻게 다른가 하는 점이 영향을 준다. 예를 들면 중국어와 일본어의 모국어 화자처럼 한자를 사용하는 학습자는 시각적인 처리를 더 많이 사용할 것이며 영어권 학습자들은 자음군과 복잡한 자음에 대한 자각이 더 많이 일어난다고 할 수 있다. 이러한 모국어의 처리 경험은 제2 언어를 형태론적으로 자각하는 것에 영향을 미치며 어휘 인식과 같은 단어 처리 과정에 상당한 영향을 미친다.

○ 철자법 깊이의 가설 (Orthographic Depth Hypothesis)

언어의 철자법에 있어 언어마다 소리와 글자의 대응의 투명성이 다르다. 만약 음운과 철자가 일대일 대응을 이루는 경우에는 표면 철자 체계를 가진 얕은 철자법 혹은 투명한 철자법이라고 한다. 반면에 음운과 철자가 일대일 대응을 이루지 않는 체계의 언어는 심층 철자 체계를 가졌다고 하며 깊은 철자법 혹은 불투명한 철자법이라고 한다. 다시 말해 철자법의 체계가 더 얕거나 투명하면 글자와 발화의 소리 대응이 간단하고, 철자법이 깊을수록 해독이 쉽지 않다. 철자법의 깊이는 규칙성과 지속성에 의해 판단하는데 예를 들어 어떤 소리를 듣고 그것을 정확하게 표기할 수 있다고 한다면 그것은 얕은 철자법이며, 하나의 소리를 들었음에도 여러 철자로 표현된다면 그것은 깊은 철자법의 언어라고 할 수 있다. 보통 중국어와 일본어의 경우는 철자법이 아주 불투명한 언어에 속하며, 알파벳을 사용하는 언어 중에서는 영어가 가장 불투명한 언어에 속한다 (예: cell/call, nation/national). 영어에 비해서 프랑스어나 덴마크어는 비교적 투명한 철자법를 가졌으며, 독일어나 스페인어는 이보다 좀 더 투명한 언어에 속한다. 투명한 철자법과 불투명한 철자법 언어를 배울 때 학습자에게 일어나는 처리 방법이 다르다는 점에 있어서 모국어와 철자법의 깊이가 다른 언어를 배울 때는 얕은 언어에서 깊은 언어로 갈수록 상대적으로는 어렵다고 할 수 있다. 얕은 철자법을 가진 언어는 문자-소리의 대응을 가르치는 것이 어렵지 않다. 학습자들이 글자-소리의 대응을 파악하고 단어를 쉽고 빠르게 인식할 수 있기 때문이다. 깊은 철자법 언어는 글자-소리의 대응을 익히기는 쉽지 않기 때문에 이 경우에는 시각적인 언어를 먼저 익히는 것이 더 좋은 방법이다.

그렇다면 한국어는 철자법이 얕은 언어인가? 중국어나 일본어와 같이 한자의 뜻을 사용하는 글자가 아니라는 점에 있어서 철자법이 깊은 언어라고 볼 수 없다. 또한 한국어의 자음과 모음으로 소리를 내기 힘든 글자가 없다는 점에서 얕은 철자법을 가졌다고 볼 수도 있다. 하지만 한국어의 단어와 문장을 읽을 때 음운 규칙을 배워야 하는데 이를 배우지 않으면 철자와 소리를 다르게 읽어야 하는 것을 모르기 때문에 잘못 읽을 수도 있다는 점을 고려하면 스페인어보다는 철자법의 깊이가 깊어 보인다.

제 3 장
텍스트 유형 및 읽기 방법

中文导读

第三章　文本类型与阅读方法

本章主要介绍了阅读文本的类型与阅读方法这两方面的理论内容。首先，对阅读教材的构成因素、阅读文本的类型分类进行了论述。其次，对各类阅读方法（朗读、默读、精读、泛读，以及为了特定目的而进行的扫读、略读、深入式阅读、评价性阅读等）的定义及特点进行了整理。此外，在整理国内外关于不同阅读方法的文献内容的同时，还详细梳理了各种阅读方法对阅读能力及其他语言技能（听力、写作、口语）所起到的影响效果。本章最后的实践部分主要探讨了不同的阅读方法及阅读速度对阅读理解能力所产生的影响。

3.1　文本类型和结构

影响语言学习者的阅读理解能力的因素大致可以分为语言知识、文本信息和文化知识。语言知识包括词汇知识和语法知识。本节将论述阅读材料中所呈现的文本知识。

3.1.1　阅读教材的构成因素

为语言学习者制作阅读材料时,应该考虑文本的长度和实用性、符合学习者水平的语法要素和语篇结构的难度、词汇的难度,以及学习者的背景知识。Nuttall(1996)在研究中指出,制作阅读材料时应考虑文本内容的适用性和活用的可能性、呈现丰富实用的文本方法的重要性,以及学习者的易读性。易读性取决于文本是否符合学习者的水平,词汇量和难易程度是否合适,课文内容是否与读者的背景知识相匹配,这些因素都会影响文本的可读性,因此在选择阅读材料时要考虑这些因素。

要选择适合作为第二语言学习阅读材料的内容,应该优先选择能激发学习者阅读兴趣的趣味性阅读材料,应当从教材是否能强化学习者的学习动机、是否能活用阅读方法这两个方面来考虑教材的适合性。从文本类型来看,韩国语教材的文本以故事、散文、新闻等为主,高级学习者的阅读材料还可能是其他文本材料。根据不同的阅读目的选择的阅读材料体裁也会有所不同。因此,阅读材料的选择并非易事。

3.1.2　阅读文本的类型

为了区别不同的文本类型,最常用的方法是根据各文本种类的相似度对每个文本类型进行分组。通常根据文本的体裁、说话者或作者的目的、时间性和行动者的特征,以及语篇结构或功能来进行分类。为对文本类型进行分类,Welleck 和 Warren(1962)在研究中按照体裁对诗歌、小说和戏剧进行了划分。Brooks 和 Warren(1970)根据描述性的观点将文本分为说明性文本、论证性文本和记叙性文本。Logacre(1983)基于时间性和行动者的特征,对故事(+时间性,+行动者)、顺序文本(+时间性,-行动者)、动作文本(-时间性,+行动者)和说明性文本(-时间性,-行动者)进行划分和分析。众所周知,每次交流或文本中的说话者都带有特

定的传达信息的目的，话语本身可以具有多种功能。Brinker（1994）提出的实际文本中的语用类型如表3-1所示。

表3-1 实际文本中的语用类型

文本类型	文本功能	所表达的目的	文本类型
信息性文本	信息传递	预测、报告、传达、说明、推测、分类	新闻（报纸、收音机、电视）、报道（报告）、诊断鉴定书、纪实、书评、读者来信
说服性文本	说服	命令、请求、指示、劝告、忠告、主张	广告宣传、宣传文本（报纸、收音机、电视）、评论、指导说明书、使用说明书、食谱、（医生）处方、法律文本、申请书、请愿书、说教
职务性文本	职务	威胁、约定、打赌	合同书、（文书类）协议书、保证书、誓约书、盟誓、商品传单
社交性文本	社交	道歉、感谢、祝贺、劝慰、哀悼	祝贺信件、吊唁信件或吊唁明信片、明信片、情书
声明性文本	声明	洗礼、免职、任命、定义	捐款证明书、无效声明、继承证明书、学位证书、委任状、遗言、任命状、授权书、毕业证书、出生证明书、解约通知书、会员通知书

说明性文本由定义、比较、示例和分析等富含信息和说服力的谈话组成，Kintsch（1974）和Meyer（1975）将其分为描述结构、集合结构、因果结构、响应结构（问题解决、问答）和比较结构。

3.2 阅读方法的分类

适用于第二语言学习的阅读方法有很多种。以提高阅读能力为目的，阅读方法不仅有如朗读（oral reading）、默读（silent reading）、精读（即集中阅读，intensive reading）、泛读（即扩展阅读，extensive reading）等在母语阅读中常用的一般方法，还有扫读（scanning）、略读（skimming）、评价性阅读等常用于特殊目的的方法。

课堂阅读方法类型主要根据是否发声分为朗读和默读两大类，默读又可分为集中阅读和扩展阅读两种，集中阅读和扩展阅读则又可细分为其他阅读方法，如扫读等。集中阅读（即精读）通常是一种在课堂教学中使用的阅读方法，要求学生在课堂的阅读活动中关注文本的语言和语义细节。扩展阅读（即泛读）通常适用于对较长的文本（书籍、新闻、社会评论等）的大意理解。扩展阅读大多在课余时间进行，趣味阅读通常是指扩展阅读。扩展阅读有时可以帮助学习者消除过度分析或查找不认识的单词的倾向，是以理解为目的而进行的阅读方式。

适用于第二语言学习的阅读方法有很多种类。根据是否发声、读者阅读的内容和阅读目的的不同，使用的阅读方法也不相同。首先，根据是否发声，阅读方法可以分为朗读和默读。

3.2.1 朗读和默读

阅读方法可以根据是否发声大致分为出声朗读和视觉默读。朗读不是简单的出声阅读，而是对阅读文本所蕴含的作者的意图进行理解，并进行意义重建的主动过程。默读是通过无声阅读来理解文本含义。如果朗读是基于文字的阅读，那么默读就是以理解句意为主的阅读。

一般来说，在使用母语进行朗读时，会着重于发音、节奏和语

调的练习以及感情的投入。这种阅读方法被证实运用在第二语言教育中也十分有效,在语言的节奏、语调、字音、意义传达、学习者的单词识别、阅读流利度和阅读理解能力方面都起到积极的作用。在初级、中级学习阶段,朗读是一种自下而上的阅读处理技能,不仅可以起到检查和评价的作用,还是了解发音的方法。而在高级学习阶段,通过让学生参与朗读的方式,可以强调阅读文本的内容,并能让学生进行有效阅读。

默读可再分为集中阅读和扩展阅读。集中阅读通常是在课堂环境中使用的阅读方法,要求学生在课堂的阅读活动中关注文本的语言或语义细节。如果说朗读适合初学者练习发音、语调和间歇性阅读,有助于熟记字母和声音之间的关系,那么默读则是一种在不加重发音负担的情况下掌握文本含义的阅读活动。我们在日常生活中经常进行默读,对于初级之后的学习和教学活动来说,它占据的比重更大。使用默读方法的课堂就变成了以学习者为主导,而不是以教师为主导的阅读学习活动。默读可以被看作用眼睛快速阅读课文内容的活动,是学习者在阅读过程中不受他人帮助或干扰而独立进行阅读的行为。一些研究对比了朗读和默读,认为朗读并不是与默读相对的概念,而是将通过默读掌握的内容用发出声音的方式转化为语音的过程。我们可以根据阅读的目的和阶段有选择性地使用它们。

大量研究表明,朗读对正在学习母语的孩子也非常有效。换言之,朗读有助于提高阅读流利度、增加词汇量和提升其他语言技能。Fitzgerald 和 Grave(2004)发现,如果阅读是在舒适的氛围中进行的话,学习者可以通过朗读培养阅读的兴趣、提高阅读流利度,以及增加词汇量。尤其是在学习阅读的阶段,学习者通过朗读可以把字母和声音联系起来,逐渐理解单词和句子的意思,因此,这种方法适合初学者使用。另外,他们还提到,考虑到学习者的阅读水平,需要准备符合学习者阅读能力的阅读材料,而且,事先给他们提供可以默读的机会也十分重要。Scott 和 Ytreberg(1990)的研究主张

朗读对初学者来说是十分有效的阅读方法,但在学习者不同的学习阶段要选择使用更加多样的方法来进行朗读。在进行课堂阅读时,可以使用三种不同的方法:第一,如果让学习者单独或以小组的形式读给老师听,老师就可以把注意力集中在学习者身上,就阅读内容提出问题,考察学习者的反应。第二,通过朗读,老师可以检查学习者的语言节奏和发音。尤其是教师先读、学生跟读的方式,可以在短时间内形成有效的阅读活动。第三,在两人小组或多人小组活动中分别朗读一段对话,当阅读活动中出现难以发音的单词时,学习者之间可以互相帮忙解决。

3.2.2 阅读方法的其他类型

根据读者的阅读内容和阅读目的可以将阅读方法分为扫读、略读、精读、泛读、深入式阅读和评价性阅读等类型。

3.2.2.1 查找信息式阅读:扫读和略读

在查找特定信息时,学习者通常会使用扫读和略读这两种方法。例如,在读完一本关于韩国历史的书籍后,其中有一个历史事件想不起来了,我们就可以再读一遍与历史事件相关的内容,通过略读的方式查找事件所在的上下文位置,找到与事件内容相关的页面后,扫读该页面的内容。

扫读和略读都是快节奏(每分钟阅读尽量多的单词)的阅读过程。扫读是通过快速扫描页面而掌握内容的一种方式,而略读(只是单纯地快速阅读并理解)是通过跳读文本内容来快速掌握内容的方式。略读通过快速阅读主题句、标题、图形、图表等方式,获得文本内容试图表达的信息。扫读也是一种以查找信息为目的的高速阅读方式,但是如果一定要说两者之间存在的区别的话,那就是扫读的目的通常是查找对自己重要的信息,例如,时间、地点、姓名等。由于没有必要仔细阅读所有文本内容并掌握所有信息,因而只需要考虑材料的类型和阅读目的,练习快速阅读并掌握必要的信息。换句话说,快速扫读整篇文章并掌握内容要点是一种练习,因此适

用于查看广告并大致了解其主要内容和掌握文章要点等。

3.2.2.2 精读和泛读

精读，又被称为集中阅读，需要理解文章中所蕴含的意义以及修辞关系等内容，将学生的注意力吸引到语法形式、语篇标记和其他表面结构等细节上。精读不仅要了解文章的整体内容，还要了解文章的结构、逻辑关系和主题等细节内容，是一种详细而准确的阅读方法。在整体理解了作者的意图或中心思想之后，甚至可以理解文本中出现的某些单词或概念的含义。如果阅读的过程中遇到一个不认识的单词，可以试着通过上下文来推测它的含义，或通过查找字典来找出它的意思。在阅读需要深入理解的专业书籍时，对语法和词汇含义要有准确的理解，这种情况适合选择精读的方法来进行。

泛读，又被称为扩展阅读，是一种通过略读掌握整体内容，而不是理解细节的阅读方法，适用于娱乐性阅读或需要通过阅读获得大量信息的情况。泛读比精读阅读的段落更长，由于在课堂学习中不能充分地练习泛读，因此，泛读经常被用作课外的个人学习方法。学生可以选择并阅读他们感兴趣的材料，老师可以定期检查阅读量和速度并给出建议。

3.3　阅读方法相关的研究

Krashen（1985：105）认为阅读方法的使用会对语言能力的发展产生影响。使用各种阅读方法得到的阅读体验能提升阅读理解能力、词汇能力、写作能力并积累语法知识。换句话说，阅读对于提高整体语言能力的作用是非常重要的。除此之外，Meyer等（1994）在研究中也指出，在丰富的语言环境中，使用阅读方法理解的内容可以起到提升学习者阅读能力的效果。阅读活动可以培养理解词汇意义和语法结构的能力，提高写作和讨论的技巧，并有助于培养阅读兴趣。

3.3.1 关于朗读的研究

Swaffer、Arens 和 Byrnes（1991）的研究认为，阅读是在 EFL（English as a Foreign Language，英语作为外语）环境中进行阅读理解训练的必经起点。当早期学习者专注于默读文本而不进行朗读时，他们形成了逐字阅读的习惯，更多地关注文本的外部线索，而不是将阅读作为理解含义的持续过程。这种习惯可能会导致早期的外语学习者失去阅读的乐趣和自信。

Brown（2001：312）在研究中指出，对于初级、中级英语学习者来说，朗读练习对提高他们的阅读能力是有益的，但需要注意的是，对高级学习者来说，随着水平的提高，朗读的效果和有用性会降低。Shin Mihyang（2005）的研究表明，以韩国高中生为研究对象的英语学习班通过朗读的方法提高了低年级学生对英语学习的喜爱度，并展示了自主阅读学习的协同效应。相比高年级学生，朗读对低年级学生更有效。这些研究结果都表明，朗读在学习英语的早期阶段卓有成效。

还有研究表明，朗读不仅对阅读产生积极影响，还可以对听力和口语等其他技能的发展产生积极影响。这是由于四种语言技能彼此密切相关、不可分割，如果一种技能得到提高，其他技能也会得到发展。Amer（1990）在研究中指出，朗读练习对培养初级阅读学习者和外语学习者的阅读能力有很大帮助，它不仅可以提高阅读能力，还可以提高听力、口语、写作能力和其他语言技能。

除了英语圈对朗读进行了大量研究，近年来，在韩国语教育中关于朗读的研究也呈增长趋势。Woo Yunmi（2010）在研究中指出，对于在国外学习韩语的中国学习者来说，老师朗读和学生互读的方式对中级学习者的韩国语听力水平和情感态度方面起到了一定的积极影响。Jeong Kyungwha（2012）的研究也认为，朗读可以帮助学习者在独自阅读文本的同时识别声音和书面语言，并能自然地习得发音和词汇。此外，朗读可以让学习者练习发音、语调、表达等，增强对声音的专注力，是初学者学习韩语的有效阅读方法。

因此，可以将朗读对阅读的影响效果总结为两个方面：首先，朗读是一项可以提高口语、听力、阅读和写作等语言技能的活动，即通过朗读学习发音、语调、节奏和重音，可以培养学习者的口语及听力技能。其次，朗读可以对与信心、兴趣和动机相关的情感态度产生积极影响。通过教师朗读或搭档朗读、跟读等朗读活动，可以使学习更加有趣，从而提高学习者的阅读兴趣。

3.3.2 关于默读的研究

在现行的韩国语教育中，阅读时侧重于选择默读，因为很多研究观点表明，在提高理解能力、速度和阅读量方面，默读比朗读的效果要好得多。Brown（2001：312）提到，进行阅读教育时，需要根据学习者的能力水平来选择合适的阅读方式。朗读对初级和中级学习者更加有利，而随着能力的提高，朗读的效果和优势将越来越不明显。此外，还有研究表明，默读是一种在不增加发音压力的情况下掌握文本含义的阅读活动，是日常生活中常见的阅读形式，在初级以后的阶段中，关于默读的练习及教育的比重比朗读更大。纵观以往关于默读的研究，持续性默读的研究占主导地位。

Hunt（1970）将"不受干扰的持续阅读"活动作为个人阅读计划的要素之一进行了介绍，由此，学界开始了对持续性默读的研究。此后，持续性默读被逐渐应用于美国、加拿大、英国、新西兰等西方国家的中小学教育中，作为一种理想的阅读教育方式而广受好评（Yoon Junchae，2002）。这种持续性默读让学习者有机会进行自主阅读，帮助他们养成自己的阅读习惯和态度，从而成为熟练的读者。此外，通过持续性默读，学习者认识到阅读的重要性并获得信心，这些变化都将引发学习者整体的学习态度、思维和行为的变化。

Krashen（1993）在研究中也强调，在第二语言课堂中引入持续性默读，为第二语言学习者提供可以自由阅读第二语言文本的机会。此外，如果学习者选择的阅读材料不适合自己的第二语言水平，

可以允许学习者改用其他阅读材料，并鼓励学习者在阅读文本时根据上下文推断以解决词汇难题。这将是提高学习者阅读能力的基础。这项研究结果表明，学习者喜欢持续性默读，而研究中的测试结果则显示，理解能力与时间成正比。Krashen 也指出，第二语言学习者如果不经过持续性阅读的过程，将很难达到第二语言习得的高级阶段水平。

此外，Carrell 和 Eisterhold（1983）以及 Petrimoulx（1988）的研究也表明，持续性默读鼓励以学习者为主导的阅读，培养学习者的阅读自信，使其对自主阅读更有兴趣，且对提升学习者的第二语言能力有积极影响。

3.4 阅读方法的实例分析

作为一项与韩国语阅读方法相关的研究，王昊（2014）的研究对在首尔 Y 大学就读的 30 名高级韩国语学习者进行了一项实验。此外，为了对比韩国人的母语阅读速度和理解能力，她也对 10 名韩国大学生进行了对照研究。实验结束后，她还进行了与阅读活动相关的问卷调查。

3.4.1 研究问题

王昊（2014）在研究中对阅读方法、阅读速度和理解能力进行了相关研究，旨在考察高级韩国语学习者朗读和默读的阅读速度模式，以及不同阅读方法的阅读速度对理解能力是否产生一定的影响。该研究有四个具体的研究问题：首先，该研究探究了高级韩国语学习者和韩国人的阅读速度和理解能力的差异问题。无论中国学习者的韩国语水平如何接近韩语母语者，将其与韩国人相比较的结果显示，两者的阅读速度和理解能力都有所不同。其次，该研究探讨了高级韩国语学习者在朗读和默读的阅读速度和理解能力上的差异，并检验了哪种阅读方法可以对提升学习者的阅读速度产生积极

影响。再次，该研究探索了在朗读和默读中阅读速度与理解能力之间存在何种相关性的问题。通过分析阅读速度与理解能力的相关性，考察阅读速度是否与理解能力呈正相关关系。最后，该研究调查了对高级韩国语学习者阅读速度产生负面影响的原因。

3.4.2 研究结果

首先，该研究将高级韩国语学习者和韩语母语者的结果进行对比后发现，高级韩国语学习者的朗读和默读速度（每分钟单词阅读量）几乎是母语者的二分之一和四分之一。这项研究的结果表明，高级韩国语学习者与韩语母语者在阅读速度上存在很大的差距。与"阅读时间越长，理解能力越强"的说法相反，高级韩国语学习者根据其使用的不同的阅读方法，其理解水平与韩语母语者多少有所不同。其次，针对高级韩国语学习者阅读速度和理解能力的实验结果表明，高级韩国语学习者的默读速度比朗读更快，理解更准确。再次，高级韩国语学习者的朗读和默读的速度与理解能力的相关性分析结果表明，两种阅读方法的阅读速度和理解能力都显示出有意义的结果。在朗读和默读过程中，阅读速度与阅读理解能力都呈负相关。比较两种阅读方式的相关系数可以发现，默读的阅读速度和阅读理解之间的相关系数高于朗读。因此，在针对高级韩国语学习者的阅读教育中，比起朗读，应当多进行默读练习。最后，影响高级韩国语学习者阅读速度的因素有阅读习惯（因不熟悉朗读或默读而形成的逐字阅读习惯）、焦虑（阅读时产生的忧虑、担心、害怕、不专心）、词汇量不足、缺乏背景知识、无法掌握段落结构和语法能力不足等。

通过对高级韩国语学习者的实验研究发现，默读在阅读教育中更为有效。但在后续研究中，有必要针对初级和中级韩国语学习者也进行相关研究，例如，研究朗读和默读两种阅读方法中哪种对初级、中级韩国语学习者更有效，哪种阅读方法对提高他们的理解能力有积极的影响。

> 알고 있는 읽기 방법은 무엇인가? 각 읽기 텍스트에 따라 어떠한 읽기 방법을 선택하여 사용할 것인가? 읽기를 통해 나는 무엇을 읽고 왜 읽고 있는가에 대해 생각해 보자.

3.1 텍스트 유형 및 구조

언어 학습자의 읽기 이해에 영향을 주는 요인은 크게 언어적 지식, 텍스트적 지식, 그리고 문화적 지식으로 나누어 볼 수 있다. 언어적 지식은 어휘적 지식 및 통사적 지식을 포함하는 것으로 제2 언어 학습자의 언어에 대한 지식을 말한다. 이 절에서는 읽기 자료에 나타난 텍스트에 관한 지식을 살펴보고자 한다.

3.1.1 읽기 교재의 구성 요건

언어 학습자를 위한 읽기 교재를 제작할 때 고려해야 하는 구성 요건으로 Cunningsworth(1995)는 텍스트의 길이와 실제성, 그리고 학습자의 수준에 맞는 문법 요소와 담화 구조의 난이도 및 어휘의 난이도, 그리고 학습자들의 배경지식을 고려해야 한다고 하였다. Nuttall(1996)도 비슷하게 텍스트 내용의 적합성과 활용 가능성, 그리고 다양하고 실제적인 텍스트를 제시하는 방법의 중요성, 그리고 학습자의 가독성을 고려할 것을 지적하였다. 가독성은 텍스트가 학습자의 수준에 맞는지, 어휘의 양과 난이도가 적절한지에 따라 결정되며, 글의 내용이 독자의 배경지식과 일치하는가의 여부도 가독성에 영향을 미치므로 읽기 자료를 선정할 때는 이를 고려해야 한다.

제2 언어 학습에 있어 읽기 교재로 적합한 내용은 모든 읽기 교재와 마찬가지로 학습자의 흥미를 진작시킬 수 있는 재미있는 읽기 내용이어야 하는 것이 우선이며 학습자의 동기를 강화시키고 읽기 전략을 잘 활용할 수 있도록 하는 수업 교재로서의 적합성을 고려해야 한다. 한국어 교재에 나타난 글의 유형을 살펴보면 이야기, 에세이, 기사와 같은 글들이 주를 이루고 있으며 고급 학습자를 위한 읽기 자료에는 기타 텍스트 자료도 나타난다. 다양한 목적에 맞는 실제적인 의사소통에 필요한 읽기 자료를 선정하는 것은 쉽지 않다보니 학습자들의 접근을 위한 창작이나 이미 있는 작품을 개작하여 학습자들의 수준을 맞춘다. 따라서 이러한 교재의 읽기 지문 창작 및 선정, 그리고 읽기 자료의 교수를 위해 알아야 하는 텍스트의 유형을 살펴보겠다.

3.1.2 텍스트 유형의 분류 및 종류

텍스트의 유형을 분리하기 위해서는 각각의 텍스트 종류를 유사성에 따라 묶어보는 방법이 가장 일반적이다. 이러한 유형의 확인을 위한 분리 작업은 유사성의 기준을 무엇으로 볼 것이냐에 따라 달라질 수 있는데 일반적으로 글의 장르에 따른 분류, 화자 혹은 필자의 목적에 따른 분류, 시간성과 행위자의 자질에 따른 분류, 그리고 담화 구조 내지는 기능에 따른 분류를 생각해 볼 수 있다. 텍스트의 유형을 구분하기 위한 시도로서 Wellek & Warren(1962)은 장르를 기준으로 시, 소설, 희곡으로 나누어 봤으며, Brooks & Warren(1970)은 수사학적인 관점에 따라 설명적 텍스트, 논증적 텍스트, 그리고 담화 자체가 아니라 담화의 기능에 따라 기술적 텍스트로 나누었다. Logacre(1983)는 시간성과 행위자의 자질을 기준으로 하여 이야기 (+시간성, +행위자), 순차적 텍스트(+시간성, -행위자), 행위적 텍스트(-시간성, +행위자), 설명적 텍스트(- 시간성, - 행위자)로 나누어 분석하였다. 그러나 잘 알다시피 하나의 담화 혹은 텍스트는 발화 행위자가 특정 통보 의도를 가지고 발화하므로 지배적인 통보 기능이 있으며, 담화 자체가 다기능적이며 동시에 여러 가지 기능을 가질 수 있다.

실용 텍스트의 화행론적 텍스트 유형 (Brinker, 1994)은 <표 3.1>과 같고 인지 구조와 담화 기능에 따른 담화 유형 분류는 <표 3.2>와 같으며 언어 사용 목적에 따른 텍스트의 분류는 <표 3.3>과 같다.

<표 3.1> 실용 텍스트의 화행론적 텍스트 유형 (Brinker, 1994)

텍스트 유형	텍스트 기능	지배적인 화행	텍스트 종류
정보적 텍스트	정보 전달	예측, 보고, 전달, 설명, 추측, 분류	뉴스(신문, 라디오, 텔레비전), 보도(보고), 진단 소견서, 논픽션, 서평, 독자 편지
설득적 텍스트	설득	명령, 요청, 지시, 권고, 충고, 주장	광고 선전, 홍보 텍스트(신문, 라디오, 텔레비전), 논평, 작업안내서, 사용 설명서, 요리책, (의사) 처방전, 법률 텍스트, 지원서, 신청서, 청원서(탄원서), 설교
책무적 텍스트	책무	협박, 약속, 내기	계약서, (문서상의) 합의서, 보증서, 서약서, 맹서, 상품 전단
친교적 텍스트	친교	사과, 감사, 축하, 인사, 위로, 애도	축하 편지, 조문 편지나 조문 엽서, 그림 엽서, 연애 편지
선언적 텍스트	선언	세례, 해임, 사면, 사임, 임명, 정의	기부증서, 무효 선언, 복무 증명서, 상속 증시, 학위 증서, 위임장, 유언장, 증명서, 임명장, 전권 위임, 졸업 증서, 출생 증명서, 해약 고지서, 회원 고지서

<표 3.2> 인지 구조와 담화 기능에 따른 담화 유형 분류

담화목적 인지구조	정보 전달성	오락성	설득성	심미성
묘사	보고서, 식물학, 지리학	일상 묘사	광고문	시적 묘사
서사	신문기사, 역사 기록문, 절차 안내문, 전기문, 처방전	추리 소설, 공상과학 소설, 단편 소설, 전기문, 드라마	우화, 설화, 광고문, 드라마	소설, 드라마
설명	과학적인 글	—	광고문, 선서문, 사설	—

<표 3.3> 언어 사용 목적에 따른 텍스트의 분류

언어의 기능	텍스트 기능	텍스트 유형	개별 텍스트	언어 사용 과정	언어 활동	주된 관련 사고	강조점	언어 사용의 성격
지시적, 메타언어적, 욕구적, 감정 표시적, 시적, 친교적	제보적	제보적 텍스트	설명문, 보고문, 기사문, 뉴스 등	개별 텍스트의 이해와 생산을 위한 언어 사용 과정	말하기, 듣기, 읽기, 쓰기	사실적 사고	객관성	도구성, 규범성, 창조성
	설득적	설득적 텍스트	논설문, 광고, 선전, 충고, 토론, 토의 등			문제 해결/비판적 사고	효과성	
	표현적	표현적 텍스트	일기, 기도 등			성찰적 사고	진실성	
	미적	미적 텍스트	시, 소설, 드라마, 유머, 농담 등			상상적/창조적 사고	심미성	

언어사용의 기초	—	어휘	문자, 발음, 각종 규범
			—

위와 같은 구분에 따른 설명적인 글을 대표로 텍스트의 구조를 살펴보겠다. 설명적인 글은 정의, 비교, 예시, 분석 등 정보적이고 설득력 있는 담화로 이루어져 있으며, 명제들 간의 논리적 관계를 나타내는 구성 유형(organizational pattern), 구조 표지어, 문장의 연속성 등 세 가지 요소로 결정된다. 먼저 정보를 조직하고 전개하는 방식 체계를 보면 Kintsch(1974)와 Meyer(1975)는 기술 구조, 집합 구조, 인과 구조, 반응 구조(문제 해결, 질문 대답), 비교 대조 구조로 나누어 보았다. 각각의 특징을 살펴보면 <그림 3.1> 그리고 <그림 3.2>와 같다.

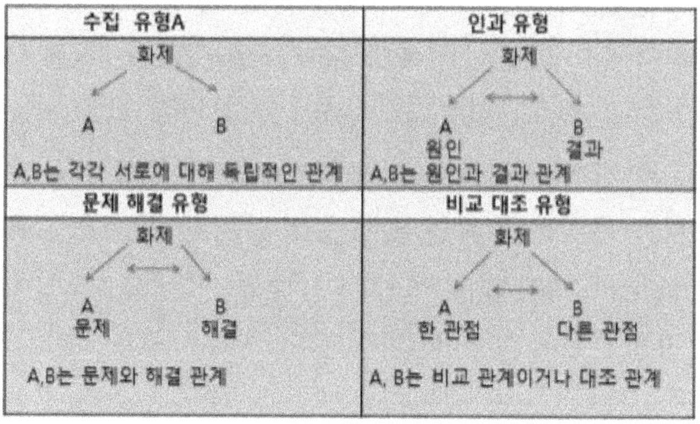

<그림3.1> 설명적인 글의 네 가지 구성 유형

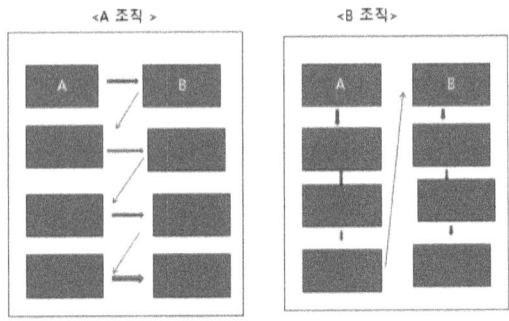

<그림3.2> 비교 대조 유형의 조직

3.2 읽기 방법의 분류

제2 언어 학습에 적용할 수 있는 읽기 방법은 여러 가지가 있다. 읽기 능력을 향상시키기 위해 읽기 방법에는 소리 내어 읽기(음독, oral reading), 묵독(silent reading), 정독(즉 집중형 읽기, intensive reading), 다독(즉 확장형 읽기, extensive reading)과 같이 일반적으로 모국어로 읽기에서 사용되는 방법뿐만 아니라 특정한 목적을 위한 훑어 읽기(scanning), 빠르게 읽기(skimming), 비판적 읽기 등도 사용될 수 있다. 교실에서의 읽기 방법 유형들은 <그림 3.3>과 같다.

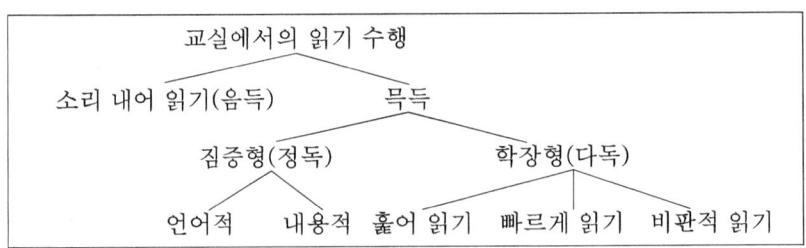

<그림3.3> 교실에서의 읽기 방법 유형들

〈그림 3.3〉을 보면 교실에서 읽기를 수행할 때 사용하는 읽기 방법에 대해 알 수 있다. 먼저 교사가 학생들에게 소리 내어 읽도록 요구해야 할 때가 있을 것이다. 초급과 중급 수준에서 소리 내어 읽기는 다음과 같은 효과를 얻을 수 있다. ①상향식 처리 기술에 대한 평가의 성격을 띤 점검의 기회가 될 수 있다. ②발음이 어떤지 알아보는 기회도 될 수 있다. ③읽을 글 중 어떤 짧은 부분을 강조하고 싶다면 학생의 추가적인 참여를 더 할 수 있다.

　고급 수준에서는 소리 내어 읽기를 통해 보통 장점(③)만 확보할 수 있다. 대개는 학생들이 이러한 세 가지 목적들을 달성하는 데 도움을 주기 위해 소리 내어 읽기를 사용하고 싶어 한다. 그러나 소리 내어 읽기를 너무 많이 하게 되면 다음과 같은 단점이 발생할 수 있다. ①소리 내어 읽기는 아주 진정성 있는 언어 활동이라고 하기 어렵다. ②한 학생이 읽고 있는 동안 다른 학생들의 주의는 쉽게 흐트러진다. ③사실은 단순히 소리 내어 읽기를 할 때에도 외형적으로는 학생이 참여하는 것으로 보일 수 있다.

　묵독은 집중형 읽기와 확장형 읽기라는 하위 범주로 분류할 수 있다. 집중형 읽기(즉 정독)는 보통 교실 지향적인 읽기 방법이며, 교실 지향적인 읽기 활동을 하면서 학생들은 어떤 글의 언어학적, 의미론적인 세부 사항에 초점을 맞춘다. 확장형 읽기(즉 다독)는 대개 다소 긴 텍스트(책, 신문 기사나 논설 등)를 전반적으로 이해하기 위해 하는 것이다. 확장형 읽기는 대부분 수업 시간 이외에 이루어지며, 재미로 하는 읽기는 대개 확장형 읽기이다. 확장형 읽기는 때때로 학습자 자신이 모르는 단어들을 지나치게 분석하거나 찾아보는 성향을 없애고, 이해를 목적으로 읽도록 도움을 줄 수 있다.

위와 같이 제2 언어 학습에 적용할 수 있는 읽기 방법에는 여러 가지가 있다. 음성의 유무에 따라, 독자가 무엇을 읽고 왜 읽는지에 따라 읽기 방법이 달라진다. 먼저 음성의 유무에 따라 음독과 묵독이 있다.

3.2.1 음독과 묵독

읽기 방법은 음성의 유무에 따라 크게 소리내어 읽는 음독과 눈으로 보며 시각적으로 읽는 묵독으로 구분될 수 있다. 음독은 단순히 소리 내어 읽는 것이 아니라 지문 텍스트에서 담고 있는 저자의 의도를 이해함과 더불어 읽는 사람의 의도가 첨가되어 의미를 재구성하는 적극적인 전달 과정을 포함한다. 묵독은 글을 소리 내지 않고 속으로 읽어서 의미를 이해하는 행위이다. 소리를 내어 읽는 음독이 글자 단위의 읽기라면 묵독은 문장 단위, 의미 위주의 읽기라고 할 수 있다.

보통 모국어 읽기에서의 음독은 발음을 익히거나 리듬과 억양을 익히고자 할 때, 또 운율을 느끼거나 감정을 넣어 읽어야 할 필요가 있을 때 하게 된다. 이러한 음독의 방법은 제2 언어 교육에서도 효과가 있는 방법으로 음독 활동은 일반적으로 언어의 리듬, 억양, 문자와 소리, 그리고 의미 전달, 학습자의 단어 인지, 읽기 유창성과 읽기 이해력에 긍정적인 효과가 있다는 것이 증명되었다. 초급과 중급에서의 음독은 우선 상향식 처리 기술에 대한 점검과 평가의 기회가 될 수 있을 뿐만 아니라 발음을 알아보기 위한 방법으로도 사용할 수 있다. 고급 수준에서의 음독의 경우도 학생들의 참여를 요구하면서 읽어야 하는 글의 강조하는 내용을 읽게 하는 방법을 사용한다면 유용한 방법이 된다.

그러나 음독은 이런 유용성에도 불구하고 몇 가지 단점으로 인해 사용의 효과가 논쟁적이다. 우선 한 학생이 읽고 있는 동안 다른 학생들의 주의가 흐트러질 수 있고, 심지어 읽는 학생의 경우에도 외형적으로 참여하는 것으로 보일 수는 있지만 실제로 이해하고 있는지의 여부를 알기 어려우므로 진정성 있는 언어 활동으로 보기는 힘들다는 점이다.

묵독은 집중형 읽기(정독)와 확장형 읽기(다독)라는 하위 범주로 분류할 수 있다. 집중형 읽기는 보통 교실 지향적인 읽기 방법이며, 교실 지향적인 읽기 활동을 하면서 학생들은 어떤 글의 언어학적이거나 의미론적인 세부 사항에 초점을 맞추는 방법이다. 이러한 집중형 읽기와 확장형 읽기는 뒤에서 다시 다루도록 하겠다.

음독이 초급 단계에서 발음, 억양, 끊어 읽기 등을 연습하는 데 적절하며, 문자와 소리의 관계를 익힐 수 있는 데에 도움이 된다면, 묵독은 발음에 대한 부담이 없이 글의 의미를 파악하는 읽기 활동이며 일상생활에서 일반적인 읽기 형태이므로 초급 이후 단계에서 학습과 지도에 소리 내어 읽기보다 더 많은 비중을 차지한다. 묵독은 소리 내지 않고 글의 의미를 파악하는 데 중점을 두고 읽는 방법이며 하향적인 모형, 상호적인 모형으로 글을 읽을 때 주로 활용하게 된다. 일상생활에서 자주 사용하는 읽기 유형이므로 초급 단계 이후에는 소리 내어 읽기보다 더 많은 비중을 두고 활용하도록 할 필요가 있다. 이러한 묵독을 활용한 수업은 교사 주도적인 읽기 학습에서 벗어나 학습자 주도의 읽기가 된다.

텍스트에 쓰여진 단어들을 눈으로 어느 정도 빠르게 읽어 내려가는 활동을 묵독이라고 정의할 수 있고, 이는 읽기 과정에서 학습자가 타인의 도움이나 방해를 받지 않고 독립적으로 소리 없이 읽게 되는 활동이다. 여러 연구에서 음독과 묵독을 비교하고 있지만 음독은 묵독과 반대의 개념이 아니라 음독은 묵독을 통해 파악한 내용을 소리 내어 읽는 방식을 통해서 음성으로 전환하는 과정이라고 볼 수 있다. 이러한 음독과 묵독은 음성의 유무로 구별되나 서로 대립되는 개념이라기보다는 읽기의 목적과 단계에 따라 선택적으로 사용되는 다른 방법으로 이해하는 것이 바람직하다.

음독은 모국어를 학습하는 아동에게 있어서도 효과적이라는 연구가 다수 존재하는데 아동이 직접 소리 내어 읽는 것과 아동에게 읽어주는 것 모두가 효과가 있다(Fitzgerald & Graves, 2004). 즉, 음독은 읽기 유창성의 신장과 어휘력 및 다른 언어 능력의 향상에 기여하는데 Fitzgerald와 Graves는 만약 읽기 학습이 편안한 분위기 속에서 이루어진다면 학습자는 음독을 통해서 읽기에 대한 관심과 흥미 및 읽기 유창성과 어휘력을 신장시킬 뿐만 아니라 지식을 확장할 수 있다고 설명한다. 특히 읽기를 배우기 시작하는 단계에서는 음독을 통하여 문자와 소리를 연결하고 점차 단어와 문장의 뜻을 이해하게 되므로 초보 학습자들에게 적합하다고 할 수 있다. 다만, 언어 학습자의 경우에는 학습자의 읽기 수준을 고려하여 읽는 자료의 언어가 학습자의 읽기 수준에 편안한 정도가 되도록 준비하여야 하며, 학습자가 소리 내어 읽을 부분을 먼저 조용히 읽어볼 수 있는 기회를 갖도록 하는 것이 중요하다고 언급하였다.

Scott & Ytreberg(1990)는 음독은 초보 학습자들에게 유용한 읽기 방법이라고 주장하며, 학습자 개인이 전체 학급에게 소리 내어 읽어주는 방법보다는 다양한 방법으로 소리 내어 읽기를 실시할 것을 제안하였다. 교실에서 사용할 수 있는 몇 가지 방법은 다음과 같다. 첫째, 음독은 학습자가 교사에게 개인적으로 읽어주거나 소집단에서 실시하면 읽는 학습자에게 교사의 관심을 집중할 수 있으며, 이야기의 내용 등에 대해 교사가 질문하여 학습자의 반응을 살필 수 있다. 둘째, 소리 내어 읽기를 통해서 교사는 학습자의 언어 리듬과 발음을 연습하거나 확인할 수 있다. 특히 교사가 먼저 읽고 학습자가 합창하여 따라 읽는 방법에서는 대화체로 이루어진 이야기책이 효과적이며, 찬트(chant)처럼 읽지 않도록 짧은 시간 동안 소집단별로 실시할 것을 제안하였다. 셋째, 짝활동 또는 소집단에서 서로 대화문을 소리 내어 읽는 것은 학습자의 읽기 활동을 쉽게 확인할 수 있으며, 읽기 활동 중에 발음하기 어려운 단어가 있는 경우에 학습자끼리 서로 도울 수 있다.

3.2.2 읽기 방법의 다른 분류 유형

독자가 무엇을 읽고 왜 읽는지에 따라 읽기 방법의 유형은 훑어 읽기와 빠르게 읽기, 정독과 다독, 그리고 자세히 읽기와 비판적 읽기 등으로 나뉜다. 이와 관련하여 훑어 읽기, 빠르게 읽기와 정독, 다독에 대해 알아보고자 한다.

3.2.2.1 정보 찾기 위한 읽기 : 훑어 읽기와 빠르게 읽기

특정한 정보를 찾기를 원할 때는 훑어 읽기(스캐닝)와 빠르게 읽기(스기밍)를 포함하는 읽기 자료에 대한 검색이 진행된다. 예를 들어 한국의 역사에 대한 책을 읽은 다음에 한참 뒤에 기억이 나지 않는 사건이 있어서 그 부분을 다시 읽고 싶다면 처음에 우리는 그 사건이 일어났던 부분의 문맥을 기억해 보려고 노력할 것이다. 그리고 가장 적절하다고 생각되는 페이지를 찾기 위해 그 근처의 페이지들을 쭉 빠르게 읽을 것이고, 알맞은 정보가 있는 그 페이지를 훑어 읽을 것이다. 빠르게 읽기와 훑어 읽기는 모두 빠른 속도로 (분당 많은 단어를 읽는) 진행되는 과정인데, 훑어 읽기 (특정한 그림 형식을 알아차릴 수 있는) 가 한 눈에 훑어서 파악하는 것이라면, 빠르게 읽기 (텍스트를 단순하고 빠르게 이해하는) 는 텍스트를 뛰어넘어 가면서 빠르게 파악하는 것이다.

　빠르게 읽기는 읽기 자료를 읽을지 말지를 결정할 때, 좀 더 어려운 텍스트를 읽을 때 그것을 이해하기 위해 무엇을 알아야 하는지 판단이 필요할 때, 읽기 과정에서 어떤 것에 좀 더 많은 주의를 기울여야 할지를 결정할 때 이루어진다. 다시 말해, 텍스트의 기본적인 정보를 얻기 위해 매우 빠르게 읽는 과정이므로 빠르게 읽기는 모든 정보를 다 읽을 수는 없지만 글 전체를 빠르게 훑어 읽고 글의 요점을 파악하는 것이 가능하다. 그러므로 대략적으로 무슨 내용인지 파악하거나 글의 중심 요지가 무엇인가 등을 파악하는 데 적절하다. 즉, 빠르게 읽기는 주제가 되는 문장이나 제목, 그림, 표, 그래프 등을 빨리 읽어 텍스트가 말하려고 하는 대략적인 정보를 얻기 위한 읽기이다. 반면에 훑어 읽기도 정보를 찾기 위해 빠른 속도로 읽는 것이지만 다른 점이 있다면 훑어 읽기는 보통 시간이나 장소, 이름 등과 같은 자신에게 중요한 정보를 찾기 위한 목적이 있다. 모든 자료를 자세히 읽고 모든 정보를 파악해야 하는 것은 아니므로 자료의 종류 및 읽는 목적을 고려하여 빨리 읽고 필요한 정보를 파악하는 연습을 시킨다. 즉, 글 전체를 빠르게 훑어 읽고 요점을 파악하는 연습이므로 광고물을 보고 대략적으로 무슨 내용인지 파악하거나 글의 중심 요지가 무엇인지 등을 파악하는 데 적절하다.

3.2.2.2 정독(집중형 읽기)과 다독(확장형 읽기)

정독(精讀), 혹은 집중형 읽기는 글자 그대로의 의미, 함축된 것, 수사학적인 관계와 같은 것들을 이해할 목적으로 문법 형태, 담화 표지 및 기타 표면적인 구조 세부 사항들에 학생들의 주의를 집중시키는 읽기이다. 정독은 글의 전체 내용, 즉 대략적인 정보뿐만 아니라 텍스트의 구조, 논리, 주제를 이해하기 위해 세부적인 내용까지 파악하도록 자세하고 정확하게 읽는 방법이다. 글쓴이의 의도나 중심 생각을 먼저 파악한 후 텍스트에 등장한 단어나 개념까지 이해할 수 있다. 혹시 모르는 단어가 나오면 문맥에서 파악하거나 사전을 찾아 그 의미를 파악한다. 정독은 내용적으로 깊게 이해해야 하는 전공 서적을 읽을 때, 문법이나 어휘의 의미를 정확하게 이해하며 글을 읽을 때 사용한다.

다독(多讀), 혹은 확장형 읽기는 세부적인 이해보다는 전체 내용을 파악하기 위해 신속하게 읽어 나가는 읽기 방식으로 즐거움을 위한 읽기나 다량의 정보를 얻기 위한 읽기에 유용하다. 다독에서는 정독보다 긴 지문이나 글 전체가 활용된다. 교실 내 수업에서는 다독을 충분히 할 수 있는 여건이 되지 못하므로 수업 시간 이외에 개인 학습 방법으로 자주 활용된다. 자신이 관심 있는 분야의 읽기 자료를 선정해서 읽도록 하며, 교사는 주기적으로 학습자의 읽은 양과 속도 등을 파악하여 조언한다.

언어 교육에서의 확장형 읽기는 모든 세부 사항들을 알 필요가 없는 텍스트나 재미로 읽는 텍스트를 읽게 함으로써 학습자들의 정서적인 면과 인지적인 면을 넓히는 수단으로 사용된다. 확장형 읽기는 때때로 학습자 자신이 모르는 단어들을 지나치게 분석하거나 찾아보는 성향을 없애고, 이해를 목적으로 읽도록 도움을 줄 수 있다.

3.3 읽기 방법에 관한 연구

Krashen(1993: 105)은 <그림 3.4>와 같이 읽기가 언어 능력에 미치는 영향을 주장하고 있다. 그림에서 알 수 있듯이 다양한 읽기 방법을 이용해서 읽기 활동을 실행한 읽기 경험은 독해 능력, 어휘 능력, 쓰기 능력 및 문법적 지식의 향상을 가져온다는 것을 알 수 있다. 즉 읽기는 전반적인 언어 능력의 향상에 매우 중요한 역할을 담당하고 있음을 알 수 있다. 이와 같은 맥락에서 Meyer 외(1994)는 읽기 방법을 이용해서 이해 가능한 입력이 풍부한 언어 환경에서 학습자의 읽기 능력을 활성화시키는 효과가 있다고 하였다. Meyer 외는 읽기 활동이 어휘의 의미 및 문법적인 구조를 이해하는 능력을 개발시켜주며 쓰기 능력과 토론의 능력을 향상시켜 주고 읽기에 대한 흥미를 갖도록 도와준다고 하였다.

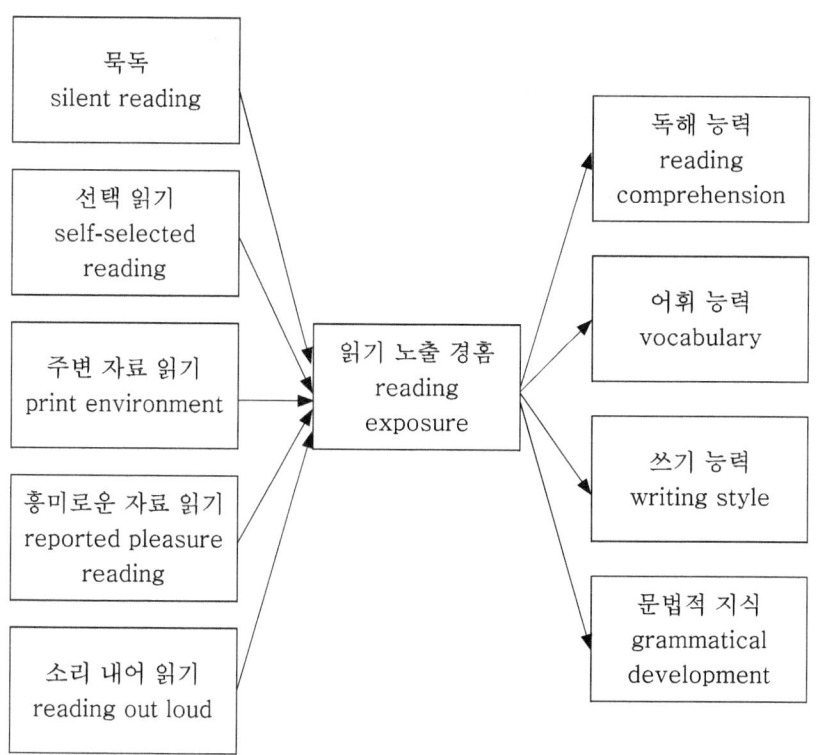

<그림3.4> 읽기가 언어 능력 향상에 미치는 영향(Krashen, *The Power of Reading*, 1993: 105)

다양한 읽기 방법이 읽기와 다른 언어 능력에 미치는 효과를 검증한 여러 연구가 영어 모국어 학습자와 제2 언어 학습자를 대상으로 실시되고 있다. 여러 읽기 방법 중에서도 소리 내어 읽어주기(reading aloud)는 부모와 교사에 의한 읽기 모델을 제공하고 아동에게 따라서 읽고자 하는 동기를 제공하여 아동의 어휘력과 읽기 능력 신장 및 정의적 영역에 긍정적인 영향을 준다(권경민, 2000; 김혈미, 2000; 박미숙, 2004; 서순영, 2000;

조경숙, 서순영, 2001; Elley & Mangubhai, 1983; Militante, 2006; Reitsma, 1988). 뿐만 아니라 아동이 직접 소리 내어 읽는 것은 읽기 유창성을 향상시킬 수 있으며 제2 언어 학습자와 외국어 학습자의 경우에 읽기 외의 다른 언어 기능의 향상에도 도움을 줄 수 있다(배지영, 2004; 이경구, 2002; Trelease, 2006). 묵독에 관한 선행 연구로는 Carrell & Eisterhold(1983), Petrimoulx(1988), Krashen(1993) 등이 있다.

다음으로 주로 음독과 묵독에 관한 선행 연구들을 살펴보겠다.

3.3.1 음독에 관한 연구

Swaffer, Arens & Byrnes(1991)는 EFL 환경[5]의 독해 훈련 과정에서 음독은 꼭 거쳐야 할 출발점이라고 주장하였다. 초기 학습자들이 소리 내어 읽기 활동을 거치지 않고 소리 없이 문자를 읽는 것에 치중하게 되는 경우, 연속적인 의미 파악 과정으로 읽기를 수행하기보다 문자의 외형적 단서에 더 주의를 기울여 한 단어씩 읽어 가는 습관을 형성하기 쉬운데, 이러한 습관은 외국어 초기 학습자가 유의미한 텍스트를 대할 때 느낄 수 있는 읽는 즐거움과 그로 인한 자신감을 잃게 할 우려가 있다고 하였다.

Brown(2001: 312)은 소리 내어 읽기는 초급과 중급 학습자들에게 때때로 시행하면 그들의 읽기 능력 향상에 유리하나 고급 수준의 학습자들에게는 수준이 높아질수록 그 효과와 유용성이 떨어지는 것에 유의해야 한다고 언급하였다. 신미향(2005)은 한국 고등학생을 대상으로 한 음독 방법의 영어 수업을 통해 하위 그룹

---

5 EFL(English as a Foreign Language) 환경은 영어를 실생활에서 거의 사용하지 않고 단지 외국어로 영어를 배우며 사용하는 환경을 말한다.

에서 영어 학습에 대한 호감도가 높아졌고, 자기 주도적 읽기 학습량의 상승 효과를 증명하며 음독 방법은 상위 그룹보다 하위 그룹의 학생들에게 더 효과적이라고 하였다. 이러한 연구를 통해 음독은 학습 초기에 특히 효과가 있음을 알 수 있다.

음독이 읽기 뿐만 아니라 듣기, 말하기 등의 다른 능력에도 긍정적인 영향을 줄 수 있다는 연구도 있다. 언어의 네 가지 기능은 서로 밀접한 관계를 맺고 있어서 어떠한 부분을 따로 떼어낼 수 없고 어떠한 기능이 향상되면 다른 기능도 신장된다는 것은 이미 많은 학자들에 의해 증명되었다. Amer(1990)는 음독 연습이 초급 읽기 학습자 및 EFL 학습자의 읽기 능력 배양에 큰 도움이 되며, 읽기 능력뿐만 아니라 듣기, 말하기, 쓰기 등 다른 언어적 기능을 촉진시킬 수 있는 활동이라고 하였다.

음독 연습은 학습자들의 흥미를 유발하고 어휘력 신장에도 매우 유익하다. Routman(1991)에서 음독은 유아의 읽기 능력 향상에 있어서 매우 효과적이고 영향력 있는 방법이며, 음독을 통해 듣기 능력의 향상이나 단어의 축적, 이해력 증진을 가져오게 하고, 읽기에 대한 아동의 긍정적인 태도 형성에도 매우 좋은 방법이라고 하였다. 서순영(2000)은 음독을 통하여 하위 학습자의 어휘력이 향상되었다는 연구 결과를 보여주었다. 따라서 음독이 영어 교육에서 단순한 읽기 활동이 아니라 학습자의 언어 발달 단계에 많은 영향을 미치는 중요한 활동이며 이를 통해 음독의 중요성을 알 수 있다.

음녹의 중요성은 지속적으로 강조되어 읽기 학습의 중요한 교수 학습 방법으로 자리 잡았으며, 읽기 평가 방법의 하나인 오독 분석법⁶은 주어진 글을 읽어 나가는 과정에서 잘못 읽은 것이 무엇인지, 그 원인이 무엇인지를 파악할 수 있게 해주는 측정 도구로 사용할 수 있다.

　이상에서 언급한 내용을 보면 영어권에서 음독에 대한 연구가 많이 이루어졌으며 소리 내어 읽기가 학습자의 어휘력 향상과 어떠한 관련성이 있는가, 소리 내어 읽기가 학습자의 독해력에 어떠한 영향을 미치는가, 또 소리 내어 읽기가 읽기 능력뿐만 아니라 듣기, 말하기 등 능력에 어떠한 영향을 줄 수 있는가에 대한 연구들이다. 최근 들어 한국어 교육에서도 이러한 음독에 대한 연구가 점차 늘어가는 추세이다.

　우윤미(2010)는 국외에서 한국어를 학습하는 중국인 학습자를 대상으로 교사가 소리를 내어 읽어주고 학습자 간에 서로 소리 내어 읽으면서 학습자 간의 상호작용을 하는 활동으로 소리 내어 읽기 활동이 한국어 이해력과 정의적 태도에 미치는 영향에 대해서 알아보았다. 이 연구는 소리 내어 읽기에 관한 연구가 전무한 한국어 교육에서 적용되어 그 효과를 검증하였다는데 의미가 있다. 연구 결과에 따르면 소리 내어 읽기가 중급 학습자의 듣기 능력에 긍정적인 영향을 줄 수 있었으나 읽기 능력에는 큰 영향을 미치지 않았다. 그러나 학습자에게 말하기에 대한 전후 조사 결과 비교를 통해 학습자의 긴장도는 낮아지고 자신감은 상승한 것으로 드러났다. 즉 한국어로 듣고 말하는 것에 대한 정의적 태도에 긍정적인 영향을 미치는 것을 밝혀내었다.

6　오독 분석법은 주로 읽기 과정을 평가하기 위해 사용되는 것으로 글자를 소리 내어 읽게 한 후 이 과정에서 나타나는 오류를 분석하는 방법을 일컫는다. 이 방법을 통해 읽기 능력과 읽기 과정에서 독자의 머릿속에서 이루어지는 인지 과정을 파악할 수 있다.

정경화(2012)에 따르면 소리 내어 읽기는 학습자 스스로 텍스트를 읽으면서 소리와 문자 언어를 인지하는 데 도와주고 발음과 어휘를 자연스럽게 습득하는 것을 가능하게 한다. 또한 소리 내어 읽기는 학습자의 발음, 억양, 표현 등을 연습할 수 있게 되어 음성에 대한 집중도를 높이고 초급 학습자의 발음에 효과적인 읽기 방법이라고 할 수 있다.

이상의 연구들을 바탕으로 소리 내어 읽기의 효과를 크게 다음과 같이 두 가지로 나눌 수 있다.

첫째, 소리 내어 읽기는 말하기, 듣기, 읽기, 쓰기와 같은 언어 능력을 향상시키는 데 긍정적인 영향을 줄 수 있는 활동이다. 즉 소리 내어 읽기를 통하여 발음, 억양, 리듬, 강세 등을 익힌 후 말하기, 듣기와 같은 구어적 언어 능력을 기를 수 있다는 것이다.

둘째, 소리 내어 읽기는 자신감, 흥미, 동기와 관련된 정의적 태도에 긍정적인 영향을 줄 수 있다. 교사가 학습자에게 소리 내어 읽어주는 활동이나 학습자끼리 짝지어 읽기, 따라 읽기 등 소리 내어 읽는 활동을 통해서 학습자들에게 읽기에 대한 흥미를 심어줄 수 있고 학습이 더 원활하고 재미있게 이루어질 수 있다. 이에 한국어를 배우는 학습자들은 말하는 것에 대한 불안감을 해소할 수 있고 읽기에 대한 의지나 흥미를 유발할 수 있다.

위와 같이 음독은 읽기 능력, 듣기 능력, 이해력의 향상에 도움이 되었음을 여러 연구를 통해서 알 수 있다. 즉 큰소리로 읽는 것은 언어의 리듬, 억양, 끊어 읽기, 문자와 소리 그리고 의미를 동시에 배우게 하는 활동이므로 소리 내어 읽기를 통하여 읽기 능력 및 다른 언어 능력의 향상에도 도움을 줄 수 있다는 것이다. 뿐만 아니라 음독 연습은 읽기에 대한 긍정적인 태도 및 언어 학습에 대한 흥미를 신장시킨다는 것을 알 수 있다.

3.3.2 묵독에 관한 연구

한국에서는 옛날부터 소리를 내어서 글을 읽는 방법이 중시되는 경향이 있었지만 활자가 발달하면서 읽을거리가 많아지자 점차 묵독이 일반화되었다. 한국어 교육에서도 묵독 위주로 읽기가 이루어진다. 이해도나 속도, 독서량으로 본다면 소리 내어 읽기보다는 묵독이 훨씬 낫다는 관점 또한 존재한다. Brown(2001: 312)은 음독과 묵독에 대해 학습자들 수준에 따라 숙달도별로 적절한 읽기 방법을 선택해서 읽기 교육을 진행할 필요가 있다고 언급하며 음독은 초급과 중급 학습자들에게 시행하면 유리하고, 수준이 높아질수록 그 효과와 유용성이 떨어진다고 하였다. 또한 묵독은 발음에 대한 부담이 없이 글의 의미를 파악하는 읽기 활동이며 일상생활에서 일반적인 읽기 형태이므로 초급 이후 단계에서 학습과 지도에 소리 내어 읽기보다 더 많은 비중을 두어야 한다고 주장하였다. 묵독에 대한 선행 연구를 살펴보면 지속적 묵독에 대한 연구가 주를 이루고 있다.

Hunt(1970)가 개별적으로 읽기 프로그램을 구성하는 요소의 하나로서 '방해 받지 않는 지속적 읽기' 활동을 소개하면서부터 지속적 묵독(sustained silent reading)에 대한 연구가 본격적으로 시작되었다. 그 후에 지속적 묵독은 미국, 캐나다, 영국, 뉴질랜드 등 서구 여러 나라의 초·중등학교 현장에서 다양한 명칭으로 사용되며 바람직한 읽기 교육 방안으로 많은 호응을 얻어왔다(원진숙 외, 2002). 이러한 지속적 묵독은 학습자들에게 스스로 글을 읽을 기회를 제공하여 학습자 스스로 독서 습관과 태도를 가질 수 있도록 도와 능숙한 독자가 될 수 있도록 해 준다. 더불어 학습자들은 이 지속적 묵독을 통해 읽기의 중요성을 깨닫게 되고 읽기에 대한 자신감을 갖게 되며, 이러한 변화는 전반적인 학습 태도와 사고, 행동 등의 변화로까지 이어지게 된다.

Krashen(1993)은 지속적 묵독을 제2 언어 교실에 도입해 제2 언어 학습자들이 자발적으로 자유롭게 제2 언어 글을 읽을 수 있는 기회를 제공해야 한다고 역설하였다. 또 학습자 스스로 선택한 읽기 자료가 자신의 제2 언어 수준에 적합하지 않을 경우에는 다른 읽기 자료로 변경할 수 있도록 허용하고, 학습자들이 어휘 문제 해결은 글을 읽어 나가면서 문맥을 통해 추론할 수 있도록 유도하는 것이 학습자들의 읽기 능력을 증진시키는 토대가 될 것이라고 하였다. 이 연구에서 학습자들은 기간에 상관없이 지속적 묵독을 즐겼다고 보고하였으며, 진단 검사에서는 기간에 비례하여 이해도의 향상을 보였다고 한다. 이에 Krashen은 자유롭게 읽기가 EFL 교실에서 읽기 이해도의 향상을 가져왔음을 보고하면서, 자유롭게 읽기가 기초 단계의 학습자를 상당한 능숙도를 지닌 수준으로 끌어올려 주는 역할을 하는 것으로 분석하여 중급의 EFL 읽기 수업에 효과적이라고 결론지었다. 이와 같은 지속적 묵독을 통해 제2 언어 학습자는 이해 가능한 제2 언어 입력 자료에 빈번하게 노출하게 되고 이는 학습자의 제2 언어 독해 능력에 영향을 끼치게 된다. Krashen은 제2 언어 학습자가 이러한 과정을 거치지 않으면 결코 제2 언어 습득의 고급 단계에 이르기 어렵다고 주장하였다.

Carrell & Eisterhold(1983)도 지속적 묵독 프로그램에서 학습자들은 자신의 수준에 적합한 글의 내용과 난이도, 길이를 스스로 선택하여 글을 읽으므로 학습자들은 읽기에 더 흥미를 갖고 자기 주도적인 글 읽기를 하게 되어 제2 언어 학습자에게 매우 효과적이라고 하였다. 이 활동은 학습자 주도의 읽기를 장려하여 학습자들이 자신감을 갖고 능동적으로 글을 읽을 수 있도록 함으로써 읽기를 습관화시킬 수 있고 제2 언어 학습자들에게는 다양한 제2 언어 입력 자료에 노출하여 제2 언어 습득을 도와줄 수 있다고 하였다.

Petrimoulx(1988)는 제2 언어 학습자를 대상으로 읽기 수업 방식에 따른 효과를 비교하였는데, 이 분석에서도 지속적 묵독을 실시한 집단이 지속적 묵독을 실시하지 않은 집단에 비해 이해도와 어휘력에서 향상의 폭이 더 큰 것으로 나타났다.

3.4 연구 사례

본 절에서는 읽기 방법에 관련된 연구 사례로 왕호(2014)를 살펴보겠다. 왕호(2014)에 따르면 서울의 Y 대학교에 재학 중인 중국인 고급 학습자 30명을 연구 대상으로 하여 실험을 실시하였다. 또한 한국어 모국어 화자의 읽기 속도와 이해도를 측정하기 위해 한국인 대학생 10명을 대상으로 대조 조사를 실시하였다. 실험 후에는 학습자들의 읽기 속도를 느리게 만드는 원인을 조사하기 위해서 읽기 활동에 관한 지면 인터뷰도 같이 진행하였다.

3.4.1 연구 문제

왕호(2014)에서는 중국인 고급 학습자들을 대상으로 음독과 묵독의 읽기 속도가 어떠한 양상을 보이는지, 각 읽기 방법의 속도가 빠를수록 이해력도 향상되는지를 알아보는 것을 목적으로 읽기 방법, 읽기 속도 그리고 이해에 대하여 살펴보았다. 이렇게 음독과 묵독이 읽기 속도와 이해에 어떠한 영향을 미치는가를 알아보기 위해 구체적으로 다음과 같은 연구 문제를 제기하였다.

첫째, 중국인 고급 학습자와 한국어 모국어 화자들의 읽기 속도, 이해도에는 얼마나 차이가 있는가에 대한 문제이다. 중국인 학습자가 아무리 고급 학습자라고 하더라도 한국어 모국어 화자와 비교하면 읽기 속도와 이해도에 차이가 있을 것이며, 그 차이가 얼마나 되는지를 측정해 보고자 하였다.

둘째, 중국인 고급 학습자들의 음독과 묵독이 읽기 속도와 이해 면에서 어떠한 차이를 보여주는가에 관한 문제이다. 음독과 묵독의 읽기 속도와 이해도 비교를 통해서 각각 어떠한 차이가 있는지 알아보고 이를 통해 어느 방법이 중국인 고급 학습자들의 읽기 속도 제고에 긍정적인 영향을 미칠 수 있을지 살펴보았다.

셋째, 음독과 묵독에서 읽기 속도와 이해도 간에는 각각 어떠한 상관관계가 있는가에 대한 문제이다. 읽기 속도와 이해도 간의 상관관계를 분석하여 읽기 속도가 빠르면 이해도가 높은지 알아보았다. 이에 대한 '연구가설 1'로 음독의 읽기 속도와 이해도 간에 부(-)의 상관관계가 있다는 것이며, '연구가설 2'로 묵독의 읽기 속도와 이해도 간에 부(-)의 상관관계가 있다는 것이다.

넷째, 중국인 고급 학습자들의 읽기 속도에 부정적인 영향을 미치는 원인들이 무엇인가에 대한 문제이다. 중국인 고급 학습자를 대상으로 한 읽기 활동에 관한 사후 조사를 통해 학습자들의 읽기 속도에 부정적인 영향을 미치는 원인에 대해 논의하고자 하였다.

3.4.2 연구 결과

첫째, 중국인 고급 학습자와 한국어 모국어 화자를 대상으로 한 실험 결과를 비교해 보면 중국인 고급 학습자들의 읽기 속도가 읽기 방법에 따라 분당 단어 수가 한국어 모국어 화자의 거의 2분의 1과 4분의 1로 나타났으며 중국인 고급 학습자의 이해도가 읽기 방법에 따라 한국어 모국어 화자와의 차이가 그만큼 많지 않았다. 이를 통해 중국인 고급 학습자는 한국어 모국어 화자와 읽기 속도 면에서 엄청난 차이가 있다는 것을 알 수 있다. 중국인 고급 학습자뿐만 아니라 중국인 학습자의 평균 읽기 속도가 한국어 모국어 화자보다 더 많은 차이가 보인다고 예측할 수 있다. 그러나 시간이 오래 걸린다면 이해도가 좋아진다는 말과 달리 중국인 고급 학습자들은 한국어 모국어 화자들보다 읽기 방법에 따라 이해도 면에도 다소 차이를 보였다.

둘째, 중국인 고급 학습자를 대상으로 한 실험을 통해 읽기 속도와 이해도에 관한 결과를 보면 중국인 고급 학습자들은 음독보다 묵독의 읽기 속도가 더 빠르고 이해도도 더 정확하였다.

셋째, 중국인 고급 학습자를 대상으로 음독과 묵독의 읽기 속도와 이해도 간의 상관관계를 분석한 결과를 보면 음독과 묵독에서의 읽는 시간과 이해도 간에 부(-)적 관계로 나타났다. 읽는 시간이 오래 걸릴수록 이해도가 더 낮아진다는 것이다. 즉 음독과 묵독에서 읽기 속도가 빨라지면 이해도가 높아진다는 것을 알 수 있다. 상관계수를 비교해 보면 음독보다 묵독의 상관계수가 높기 때문에 음독보다 묵독의 읽기 속도가 이해도와의 상관관계가 더 높다고 말할 수 있다.

넷째, 중국인 고급 학습자들에게 읽기 속도에 영향을 미치는 요인들은 읽기 습관 (음독이나 묵독에 대해 익숙하지 않아 단어를 하나하나를 읽는 습관), 불안 (읽기에 대한 우려, 걱정, 무서움, 읽기에 집중하지 못함), 어휘력 부족, 배경지식 부족, 문단 구조를 파악하지 못함, 문법 능력 부족의 순서로 나타났다.

이 연구에서 중국인 고급 학습자를 대상으로 실험한 연구 결과를 통하여 묵독을 읽기 교육에 활용하면 효과가 더 좋다는 것을 알 수 있다. 다만 중국인 고급 학습자들을 대상으로만 실험을 진행하였다는 한계가 있음으로 고급 뿐만 아니라 초급과 중급을 대상으로 연구할 필요가 있다. 이는 초급과 중급에서 중국인 학습자들에게 어떠한 읽기 방법이 더 효과적인지에 대한 연구가 될 것이다. 중국인 학습자들을 등급에 따라 나누어 실험을 실시한다면 어떠한 읽기 방법이 이해력 향상에 적극적 영향을 미치는지를 알아낼 수 있을 것이다.

제 4 장
읽기 전략

中文导读

第四章 阅读策略

本章着重梳理了国内外外语研究尤其是韩国语教育研究中阅读策略的相关理论。首先，整理了外语研究中关于阅读策略的相关定义，以及韩国语教育领域中对于韩语阅读策略的定义。其次，分析了阅读策略与其他学习策略的不同点，并详细比较了策略与技能的区别。再次，主要整理了阅读策略的范畴及细分类别，比较了外语研究中较为普遍的策略分类与韩国语教育中适用的阅读策略分类。又次，整理了有关阅读策略的国内外研究，主要可以分为关于阅读策略使用情况的研究和关于阅读策略训练的研究。最后，在本章的实践部分，重点探究了学习者的母语阅读策略使用与韩国语阅读策略使用之间的相关关系，着重分析了母语阅读策略使用能力对外语阅读策略使用及外语阅读能力产生的影响。

4.1 阅读策略的定义

4.1.1 定义和特征

当"策略"一词于 20 世纪 70 年代首次出现在阅读领域时，它

意味着一种感情上的处理形式，并采取了与传统阅读技能不同的视角（Grabe，2009）。每个学者对阅读策略的定义都略有不同，根据学者们对阅读策略的相关定义，Ki Joonseong（2009）在研究中将阅读策略概括为"学习者在以特定目的阅读时为建构意义而采取的认知、表观认知、社会和情感行为"。换句话说，所谓的阅读策略是指阅读文本时自动使用的技能，是读者的认知能力，或者在进行以文本为中心的阅读时使用的其他不同能力，都是读者在阅读过程中为了解决问题而有意识选择的手段。

Cheng（2003）在研究中认为阅读策略有三个方面。首先，阅读策略是一个心理过程，即阅读策略具有意识性（deliberate）、目标明确性（goal-oriented）、计划性（planned）的特点。读者可以意识到阅读过程，并意识到自己是如何理解文本的。其次，阅读策略复杂且灵活。阅读策略是许多行为和决策过程的复合体，当被应用于不同的语言环境时，它可能会有很大差异。最后，阅读策略可以为监测和评估读者的理解过程提供有用的信息。阅读策略的运用可以反映读者对文本的理解以及在阅读过程中是如何解决问题的，对阅读策略使用情况的观察是观察读者阅读过程的有效途径。同样，Ki Joonseong（2009）在其研究中也讨论了阅读策略的一些特征。他将这些特征概括为如下四点：阅读策略① 是学习者内在有意识、外在可观察的行为；② 是用于理解和构建文本含义而使用的方法；③ 是一种类似于游牧的行为；④ 是认知、元认知、社交和情感行为。在考虑到这些特征后，本章对阅读策略的相关定义进行整理时，将阅读策略定义为"学习者在阅读具有特定目的的文本时，为了理解意义而单独或组合采用的认知、元认知、社交和情感行为"。

4.1.2 策略和技能

把阅读看作一种技能的观点，是将阅读视为人类活动的一部分，认为人可以通过获得阅读技能来提升阅读能力。学者们对阅读技能的分类观点略有不同，但总的来说，主要将阅读技能分为低层

级处理技能和高层级处理技能，或者根据从单词识别到语义建构的每个阶段分析各项技能，或者采取从词汇、句子和语篇维度分类的方式。然而，自 20 世纪 70 年代"策略"一词出现以来，关于技能与策略的关系，出现了许多不同的观点，但在许多情况下，并没有很明确地对什么是技能、什么是策略进行区分。例如，在某些过程（例如，寻找中心内容）中，技能和策略都适用。最终使用的是中心内容查找技能，还是中心内容查找策略，对于这一名称的确切选择，取决于读者是有意识地进行这一过程，还是以自动处理的方式简单地使用它（Alexander & Jetton，2000：295—296）。这是因为自动化程度通常是区分策略和技能的依据。许多学者已经认识到，阅读技能和阅读策略的区别在于读者是否有意识地使用它们（Cohen，1990；Grabe & Stoller，2002）。当策略实现自动化时，它就变成了一种技能。可以说，策略旨在引导读者从有意识地控制阅读策略到无意识地使用阅读策略（Anderson，2009：15—16）。策略是一个可以反映意识的认知过程，但同时，它还处于成为技能的过程中。

4.2 阅读策略的分类

纵观关于阅读策略的研究，学者们对阅读策略项目的分类，如阅读策略的定义等，提出了多种方式。这是因为语言策略很复杂且相互影响，所以很难划分策略的类别（Cohen，2009）。一般来说，学者们对阅读策略的分类主要根据两个标准来进行。首先，阅读策略被简单地分类或定义为一般类别后再进行细分。代表性的例子包括 Cohen（1990）和 Brown（2001）的研究。其次，还有一种分类方法将其分为直接策略和间接策略，最具代表性的研究为 Oxford（1990）。

目前广泛使用的有 Block（1986）、O'Mally 和 Chamot（1990）、Oxford（1990）、Cohen（1990）、Anderson（1991）和 Brown（2001）

的策略分类体系。Block（1986）将策略类型分为整体理解策略和细节理解策略，认为阅读能力高的学习者与阅读能力低的学习者相比，对策略的认知度更高，使用的策略也更加多样。O'Malley 和 Chamot（1990）将学习策略着重放在认知策略（cognitive strategies）、元认知策略（metacognitive strategies）和社交-情感策略（social-affective strategies）上。而 Oxford（1990）则将记忆策略、社交策略和情感策略单独分开，增加了强调语言使用层面的补充策略，共分为六种策略。此外，Anderson（2003）在研究中将阅读策略分为整体策略（global strategies）、问题解决策略（problem solving strategies）和辅助策略（support strategies）。整体策略是指帮助读者理解阅读的总体策略，问题解决策略是指读者用来解决阅读过程中的困难和问题的策略，而辅助策略则是指有助于阅读理解的策略。

韩国语教育中广泛使用的阅读策略分类体系主要基于 Sim（2007）和 Ki Joonseong（2009）。Sim（2007）在研究中参考了对现有阅读策略分类的相关研究结果，将阅读策略分为六类：自下而上策略、自上而下策略、元认知策略、辅助策略、社交策略和情感策略。Ki Joonseong（2009）在 Cziko（1980）展示的阅读分类的基础上，将阅读策略主要分为认知阅读策略、元认知阅读策略、辅助阅读策略、社交阅读策略、情感阅读策略和交互阅读策略六类。此外，对认知阅读策略进行细分，它又分为自下而上阅读策略、自上而下阅读策略和交互阅读策略。

4.3 阅读策略的指导意义

阅读指导教学中最重要的一点是培养学习者运用所学知识自行解决问题的能力。许多阅读研究的结果表明，大多数学习者在阅读过程中使用了不止一种策略。大多数读者无论阅读能力高低，都会在阅读活动中使用策略，但毋庸置疑，阅读能力高的读者会更有效

地使用策略。此外，优秀的读者不会使用单一策略，而是使用各种策略的组合。许多承认策略在阅读教学中的重要性的学者指出，教师应当有效地对策略进行教授，策略教学可以提高阅读理解能力，因此，策略教学应该是阅读理解教学的核心因素。

Grabe（2009）在研究中指出策略型读者的行为具有以下特征：①在预测文本的内容之前，开始通过标题、文本特征和图片的形式进行评估；②持续监控他们的理解；③将文本信息与已有的背景知识联系起来；④问自己一个问题，在文本中找到答案；⑤有时会注意文本结构的特征以帮助理解；⑥在理解困难时使用策略支持阅读理解（重读、总结、连接背景知识、连接重点等）；⑦总结文中的信息；⑧阅读后，再次回忆文本内容。

4.4　阅读策略的实例分析

作为一项与韩国语教育相关的研究，王忆文（2014）在研究中对100名中国高级韩国语学习者进行了一项调查，分析了母语阅读能力、母语阅读策略、韩语阅读能力和韩语阅读策略的运用，以及母语阅读策略对外语阅读策略和阅读能力的影响。分析结果发现，大量使用母语阅读策略的学习者同时也使用韩语阅读策略，但这一点在韩语阅读能力上并没有得到很好的体现，不同阅读能力的学习者使用的策略也不同。此外，韩语阅读能力强的学习者能够很好地对他们在母语中使用的策略进行迁移。

王忆文（2014）首先考察了母语阅读策略、韩语阅读策略和阅读能力之间是否存在相关性，然后考察了母语阅读策略如何影响韩语阅读策略和阅读能力。根据检验相关性的结果可以发现，使用母语阅读策略和韩语阅读策略之间的相关性最高，$r=0.661$。其次，韩语阅读策略与韩语阅读能力的相关性为$r=0.325$，母语阅读策略与韩语阅读能力的相关性为$r=0.256$。回归分析的结果表明，使用母

语阅读策略的能力对使用韩语阅读策略的能力有正向影响，也对韩语阅读能力有正向影响，分别为43.6%和6.5%，显示出较大差异。使用母语阅读策略的能力和韩语阅读能力一样，是影响韩语阅读策略能力的重要因素。

此外，该研究对阅读策略的各个类型进行了回归分析，分析了哪些策略对阅读能力的影响更大。在母语阅读策略中，影响韩语阅读能力的因素依次为母语元认知阅读策略（10.6%的解释力）、情感阅读策略（9.1%的解释力）、自上而下阅读策略（7.3%的解释力）；在韩语阅读策略中，影响韩语阅读能力的因素是韩语元认知阅读策略（14.4%的解释力）、情感阅读策略（12.8%的解释力）、自上而下阅读策略（10.3%的解释力）和自下而上阅读策略（4.9%的解释力）。通过这些研究，我们可以发现，在阅读策略中，元认知阅读策略、情感阅读策略和自上而下阅读策略对韩语阅读能力的影响最大，而韩语的自下而上阅读策略对韩语阅读能力的影响大于母语的自下而上阅读策略。

王忆文（2014）还根据学习者阅读能力的差异，探究了学习者的策略使用和迁移模式的问题。首先，作为t检验的结果，在阅读母语或韩语时，母语阅读能力高的学习者比母语阅读能力低的学习者更多地使用自上而下阅读策略、元认知阅读策略和情感阅读策略；韩语阅读能力高的学习者比韩语阅读能力低的学习者更多地使用元认知阅读策略和情感阅读策略。这个结果也验证了不同阅读能力的学习者使用不同策略的研究假设。

其次是关于策略迁移模式的问题。根据阅读能力，该研究考察了学习者使用的母语阅读策略向韩语阅读的迁移模式。t检验的结果显示，具有良好母语阅读能力的学习者可以将用于母语的自上而下阅读策略、元认知阅读策略和情感阅读策略成功地迁移到韩语阅读中。然而，不擅长母语阅读的学习者只能将自上而下阅读策略迁移到韩语阅读中。此外，韩语阅读能力高的学习者比韩语阅读能力低的学习者更多地使用元认知阅读策略和情感阅读策略。无论韩语

阅读能力如何，所有学习者都可以将母语中使用的自上而下阅读策略迁移到韩语阅读中。研究还发现，韩语阅读能力高的学习者无论在母语阅读还是韩语阅读中，都更多地使用了自上而下阅读策略。这些研究结果表明，比起韩语阅读能力弱的学习者，韩语阅读能力强的学习者能够更好地迁移其母语的阅读策略。

此外，为了了解在学习者使用的母语阅读策略中，哪些最有可能被迁移到韩语阅读中，该研究还对各项阅读策略进行了 t 检验。结果表明，学习者将在母语阅读中使用的预期策略、背景知识策略、扫读策略、重读策略和上下文语境策略等自上而下阅读策略全部迁移到了韩语阅读中。元认知阅读策略和情感阅读策略中的调整和修改阅读策略、评价策略和情感策略中的焦虑缓解策略也极有可能被迁移到韩语阅读中。

4.1 읽기 전략의 정의

> 읽기 전략과 읽기 기술의 정의는 각각 무엇일까? 전략과 기술의 차이는 무엇일까? 내가 자주 사용하는 읽기 전략과 기술은 무엇일까?

4.1.1 정의 및 특성

1970년대에 읽기 영역에서 전략이라는 용어가 처음 등장하였을 때 전략은 정신적 처리 중 하나의 형태를 의미하였고, 전통적인 기술에 기초한 읽기(skill-based reading)와 다른 관점을 취한 것이다(Grabe, 2009). 전략과 기술의 차이는 다음 절에서 논하기로 하고 먼저 읽기 전략의 정의를 살펴보자. 읽기 전략의 정의는 학자 마다 조금씩 차이를 보이고 있는데 읽기 전략에 대한 학자별 정의를 제시하면 <표 4.1>과 같다.

<표 4.1> 읽기 전략의 정의

학자	정의
Paris et al. (1983: 295)	내성적인 관찰이나 의식적인 조사가 가능한 계획적인 행동
Block (1986: 465)	학습자가 과제를 이해하는 방법, 학습자가 주의하는 문맥적인 단서, 읽은 것의 의미를 구성하는 방법 그리고 텍스트를 이해하지 못할 때 사용하는 책략
Barnett (1989: 66)	학습자가 특정한 목적을 가지고 텍스트를 읽고 그 의미를 구성하려고 할 때 수반되는 정신적인 작용
Cohen (1990)	학습 전략의 하위 개념으로 독자가 글을 읽을 때 의미 파악을 목적으로 선택 사용되는 정신적 과정

Tercanlioglu (2004: 563)	학습자가 읽기의 목적에 따라 의식적으로 채택하는 특정한 행동
Young & Oxford (1997: 26)	학습자가 읽기를 수행할 때 사용하는 인지적, 상위인지적, 사회적, 정의적인 행동 계획

이상의 정의를 종합해 보면, 읽기 전략은 '학습자가 특정한 목적을 가지고 읽기를 수행할 때, 의미를 구성하기 위하여 채택하는 인지적, 상위인지적, 사회적, 정의적인 행동'(기준성, 2009)으로 요약할 수 있다. 다시 말하면 읽기에서의 전략이란 글을 읽을 때 자동적으로 사용되는 기술이나 독자의 인지적 능력, 혹은 텍스트 중심의 읽기에서 사용하는 능력과는 다른 능력으로 독자 스스로 읽기 과정에서 직면하는 문제를 해결하기 위해 의식적으로 선택하는 수단이라고 할 수 있다.

Cheng(2003)은 읽기 전략의 특성을 다음과 같이 세 가지로 보고 있다. 첫째, 읽기 전략은 정신적인 과정이라는 것이다. 즉, 읽기 전략은 의식적(deliberate), 목표-지향적(goal-oriented), 계획적(planned) 특성을 지닌다. 독자는 자기의 읽기 과정을 의식할 수 있고 자기가 텍스트를 어떻게 이해하는지를 인식한다는 것이다. 둘째, 읽기 전략은 복잡하고 유연성이 있는 것이다. 읽기 전략은 많은 행동과 의사 결정 과정들의 복합체이며 다양한 환경에서 적용 시 그 양상이 많이 달라질 수 있다. 셋째, 읽기 전략은 독자의 이해 과정을 감시하고 평가하는 데 유용한 정보를 제공해 줄 수 있다. 읽기 전략의 사용은 독자가 텍스트를 어떻게 이해하는지와 읽기 과정 중의 문제점을 어떻게 해결하는지를 반영할 수 있어 읽기 전략의 사용에 대한 관찰은 독자의 읽기 과정을 관찰하는 유효한 방법이다. 이와 비슷하게 기준성(2009)에서는 읽기 전략이 지니는 몇 가지 특성에 대하여 논의하였다. 이를 제시하면 <표 4.2>와 같다.

<표 4.2> 읽기 전략의 특성

읽기 전략의 특성
1. 읽기 전략은 내부적으로 학습자가 의식하고 있고, 외부적으로 관찰 가능한 행동이라는 것이다
2. 읽기 전략은 텍스트의 의미를 이해하고 구성하기 위하여 사용하는 방법이라는 것이다
3. 읽기 전략은 유목적인 행동이라는 것이다
4. 읽기 전략은 인지적일 뿐만 아니라 상위인지적, 사회적, 정의적인 행동이라는 것이다

이러한 특징을 고려하여 본서에서는 읽기 전략을 '학습자가 특정한 목적을 가지고 텍스트를 읽을 때, 의미를 구성하기 위하여 개별적이거나 복합적으로 채택하는 인지적, 상위인지적, 사회적, 정의적인 행동'으로 정의할 수 있겠다.

4.1.2 전략과 기술

읽기를 하나의 기술[7]로 보는 관점은 읽기를 인간 활동의 일부로 보고 읽기 능력이 읽기 기술의 습득을 통해 달성될 수 있는 것으로 본다. 기술 혹은 기능의 습득은 하위 기술 혹은 기능의 습득을 통해 가능하기에 읽기 능력은 하위 기능을 익히는 것이 중요하며

---

[7] 기술(skill)은 언어 교육에서 기술, 혹은 기능으로 번역된다. 이 장에서는 skill을 기술이라는 용어를 사용해 논의하고자 한다.

무엇이 읽기의 하위 기능인가를 논하는 데에 집중했다. 학자마다 조금씩 다른 견해를 취하지만 대체적으로 읽기 기술을 기준에 따라 분류하는 작업을 해 왔다. 주로 읽기의 기술을 하위 단계 처리 기술과 상위 단계 처리 기술로 나누어 보거나 단어 인식에서부터 의미 구성에 이르는 단계를 나누어 각각의 기술로 살펴보거나 어휘, 문장, 담화 차원으로 나누어 보는 방법을 취하였다. 예를 들면 Davis(1968)는 읽기 기술을 여덟 가지로 분류하여 단어 인지, 글의 내용 파악, 추론, 글쓴이의 목적 또는 태도인지, 글쓴이가 사용한 표현 또는 구성 기교 파악, 글의 구성 파악으로 분류하였다. Nuttall(1996)은 읽기 기술을 문맥 단서를 활용하여 어휘 의미를 파악하는 기술, 문장 구조나 결합 단서를 통해 문장의 의미나 문장 간의 의미를 파악하는 기술, 글의 구조를 파악하거나 다음 내용을 예측하는 담화 수준의 의미 파악 기술과 같이 세 가지 유형으로 나누었다.

 1970년대 이후 전략이라는 용어의 등장 이래로 기술과 전략의 관계에 대하여 여러 가지의 다양한 관점이 있다. 그러나 많은 경우에서 무엇이 전략인지 무엇이 기술인지는 명확하지 않으며 처음에는 분명해 보였던 기술과 전략의 차이가 모호해졌다. 예를 들면 어떤 과정(예, 중심내용을 찾기)에는 기술이나 전략이 모두 적용된다. 결국 중심내용 찾기 기술인지 중심내용 찾기 전략인지 정확하게 어떤 이름을 붙여야 할지는 독자가 의식적으로 이 과정을 진행하는지, 간단하게 전형적이고 자동적인 방법을 통해 사용하는지에 달려있다고 할 수밖에 없다(Alexander & Jetton, 2000: 295—296). 왜냐하면 보통 전략과 기술을 구분하는 데에 자동화 정도가 근거로 사용되기 때문이다. 많은 학자들은 읽기 기술과 읽기 전략의 차이는 의식적으로 그것을 사용하는가의 여부에 있다고 보았다(Cohen, 1990; Grabe & Stoller, 2002). 어떤 전략이 자동화되면 이는 기술이 된다. 이것을 인정한다면 전략 지도는 독자를 읽기 전략의 의식적인 통제에서 읽기 전략의 무의식적인 사용으로 이끄는 데에 목적을 둔다고 할 수 있다(Anderson, 2009: 15—16). 전략은 의식을 반영할 수 있는 인지의 과정이지만 아직 기술이 되는 과정 중이라고 할 수 있는데 이러한 과정이 명백하게 의식 여부로 확인되기는 힘들다. 기술과 전략을 구분하기 위해 자동차 운전을 예로 들어보자. 처음에 운전을 하면서 행하는 모든 행동은 상당히 의식적인 선택이다. 그러다가 점점 자동화되어서 의식적인 주의집중이 없이도 운전이 가능해지지만 때때로 의식적인 선택이 필요한 경우가 발생한다. 그러므로 운전을 하면서 내가 기술을 사용하는지 전략을 사용하는지를 구분하는 것은 큰 의미가 없는 일이거나 아니면 구분이 명확하지 않을 수 있다. 이러한 기술과 전략의 구별이 읽기 지도에 있어서는 큰 의미가 없는 작업이므로 본 장에서는 기술과 전략의 구분에 초점을 맞추지 않고 읽기 전략이라는 지도 방법에 초점을 맞춰 보고자 한다. 이것은 읽기 지도 방법으로서 전략 중심의 읽기 지도가 효과적이며 현재 읽기 지도 방법의 하나의 틀로서 기능 중심의 읽기 지도에서 활동 중심, 전략 중심의 읽기 지도로 넘어온 읽기 교수의 역사적 흐름과도 함께 하기 때문이다. <표 4.3>은 읽기 지도의 핵심을 기술 혹은 기능의 지도로 보느냐 전략으로 보느냐에 따른 각 지도 방법의 차이를 볼 수 있다.

< 표 4.3 > 읽기 기능 지도와 전략 지도 방법의 비교

기능적 지도	전략적 지도
분절적 접근	통합적 접근
1. 행동주의적 접근, 기능 훈련 방법 2. 읽기 기능이 학습 목표 3. 낮은 수준의 기능에서 고등 수준의 기능으로 순서화 4. 읽기 기능의 형성을 의도함 5. 세분된 읽기 기능의 독립적인 지도로 읽기 기능 향상	1. 읽기 지도의 구성주의적 접근 2. 읽기 전략을 읽기 지도의 내용으로 함 3. 읽기 연구를 토대로 교수·학습 측면에서 읽기 지도의 내용을 재조직함 4. 학생은 문제를 확인하고 해결에 필요한 사고를 하는 것

4.2 읽기 전략의 분류

> 한국어 교육에서 널리 사용되는 읽기 전략의 분류가 무엇일까? 왜 이렇게 분류했을까?

읽기 전략에 관한 연구들을 살펴보면 읽기 전략 항목들에 대한 분류는 읽기 전략의 정의처럼 학자들에 의하여 다양하게 제시되어 있다. 이는 언어 전략들이 복잡하고 서로 상호작용하므로 독립적으로 전략들의 범주를 규정하기가 어렵기 때문이다 (Cohen, 2009: 695). 대체로 학자들의 읽기 전략에 대한 분류는 크게 두 가지 기준에 따라 분류되어 왔다. 첫째, 읽기 전략을 그저 일반적인 범주로 분류하거나 일반적인 범주로 규정한 후에 다시 세분화하는 유형이다. 대표적으로 Cohen(1990), Brown(2001) 등이 있다. 둘째, 직접 전략과 간접 전략으로 나누는 분류 방식이 있는 데 가장 대표적으로 Oxford(1990)가 이에 해당된다.

널리 활용되고 있는 Block(1986), O'Mally 와 Chamot(1990), Oxford(1990), Cohen(1990), Anderson(1991)와 Brown(2001)의 전략 분류 체계를 정리하여 살펴보면 <표 4.4>와 같다.

<표 4.4> 읽기 전략 분류 체계

학자	전략 종류	세부 전략
Block (1986)	전반적 이해 전략	내용 예측, 구조 인식, 정보통합, 지식과 연상 이용, 행동 언급, 이해점검, 행동수정, 감정적 반응하기
	세부적 이해 전략	의역, 다시 읽기, 절·문장에 대한 의문, 단어에 대한 의문, 어휘 문제 해결
O'Malley & Chamot (1990)	상위인지 전략	선택적 주목, 계획, 모니터, 평가하기
	인지 전략	리허설, 조직화, 추론, 요약, 연역, 이미지 활용, 전이, 융합하기
	사회 정의적 전략	협동, 질문하기, 혼자 말하기
Oxford (1990)	인지 전략	연습, 메시지 보내고 받기, 분석 추리, 입력과 산출 구조화
	상위인지 전략	학습 중심, 학습 계획, 학습 평가
	기억 전략	머릿속 연결(mental linkage), 복습, 이미지와 소리, 동작 가져오기
	보상 전략	추측, 말하기 쓰기, 한계 극복하기
	정서 전략	불안 완화, 자신 격려하기, 감정 조절하기
	사회 전략	질문, 협동, 공감하기

Cohen (1990)	상위 단계 전략	훑어 읽기, 건너뛰어 읽기, 표시하기, 어휘 풀이 사용 전략
	인지 전략	구문의 간략화, 어휘나 구의 동의어나 유사어 찾기, 핵심적 아이디어 찾기, 텍스트의 기능 찾기
	응집성 전략	글 조직, 문맥 이용, 글의 담화 기능 구별
	상위인지 전략	계획하기, 자기 평가하기, 계획 수정하기, 잘못된 이해 알아채기
Anderson (1991)	인지 읽기 전략	내용 예측하기, 주요 생각 이해하기, 어휘나 문법 확장하기, 모르는 단어 의미 추측하기, 주제나 문체, 접속사 분석하기, 사실 구별하기, 어려운 구문과 쉬운 구문 나누어 읽기, 의미망 만들기, 짧게 요약하기, 모국어와 목표어의 단어 연결하기 등
	상위인지 읽기 전략	읽기 목적 세우기, 어휘 목록 만들기, 반 친구들과 협동하여 공부하기, 연습할 기회 만들기, 스스로 평가하기 등
	보상 읽기 전략	자신의 배경지식 활용하기, 세부 사항 메모하기, 이해한 것을 기억하도록 노력하기, 내용의 목적과 어조 다시 한번 살피기, 머릿속에 그려보기, 주요한 생각과 세부 사항 재검토하기, 신체적 행동으로 반응하기, 의미 그룹으로 분류하기 등
Brown (2001)	하향식 과정	글의 목적 이해, 의미 파악을 위한 훑어 읽기, 의미망 활용, 추측, 담화 표지어 활용, 축어적 의미와 함축적 의미 파악, 묵독하기
	상향식 과정	문자소 규칙이나 패턴 사용, 특정 정보 찾아 읽기, 어휘 분석하기

Block(1986)은 전략 종류를 전반적인 이해 전략과 세부적인 이해 전략으로 나누고 읽기 능력이 높은 학습자는 낮은 학습자에 비해 전략에 대한 인지도가 높고 다양한 전략을 사용한다고 주장하였다. O'Malley 와 Chamot(1990)이 상위인지 전략, 인지 전략, 사회 정의적 전략으로 학습 전략에 중점을 둔 반면, Oxford(1990)는 여기에 기억 전략, 정서 전략, 사회 전략을 따로 구분하고 언어 사용의 측면을 강조한 보상 전략을 추가하여 6개 전략으로 분류하였다.

이 외에 Anderson(2003)에서는 읽기 전략을 다시 세 가지 범주로 나누고 있는데, 전체적인 전략(global strategies), 문제 해결적인 전략(problem solving strategies), 그리고 보조적인 전략(support strategies)이다. 전체적인 전략이란 읽기 이해를 도와주는 일반적인 전략을 말하고, 문제 해결적인 전략은 독자가 읽기 과정에서의 어려움과 문제점을 해결하기 위하여 사용하는 전략이다. 그리고 보조적 전략은 텍스트에서 강조 표시를 하는 것과 같은 읽기 이해에 도움이 될 수 있는 전략들을 포함하였다.

Sheorey & Mokhtari(2001)에서는 읽기 전략을 상위인지적 전략, 인지적 전략과 보조적 전략으로 나누었다. Cheng(2003)에서는 사회적 전략과 정서적 전략을 읽기 전략의 분류에 포함시켜 읽기 전략을 상위인지적 전략, 인지적 전략, 사회적 전략과 정서적 전략 이 네 가지 하위 범주로 분류하고 있다. Cheng(2003)의 이 분류는 다양한 읽기 전략 유형들을 제시하여 상대적으로 넓어진 읽기 전략 분류라고 할 수 있다.

한국어 교육에서 널리 사용되고 있는 읽기 전략 분류 체계는 주로 Sim(2007)과 기준성(2009)을 바탕으로 분류된 체계가 많이 사용된다. Sim(2007)에서는 기존 읽기 전략 분류에 대한 선행 연구들의 결과를 참고하여 읽기 전략을 상향적 전략, 하향적 전략, 상위인지적 전략, 보조적 전략, 사회적 전략, 그리고 정서적 전략 이 6개의 범주로 나누고 있다. <표 4.5>는 Sim(2007)에서 나타난 한국어 읽기 전략 분류 중 각각 범주에 포함되는 하위 읽기 전략들과 유형별 읽기 전략 특성을 나타낸다.

<표 4.5> 한국어 읽기 전략 분류 (Sim, 2007)

상위 읽기 전략	하위 읽기 전략	유형별 읽기 전략 특성
상향적 전략	어휘 특성 이용하기	한국어의 어휘의 발음, 단어 구조 이용
	문법 특성 이용하기	한국어의 문법, 통사적 지식 이용
	환언하기	어려운 표현을 학습자 자신이 알고 있는 쉬운 표현으로 대체하기
	번역하기	단어와 문장을 모국어로 번역하기
	글 특성 이용하기	그림이나 표 등을 이용하기
하향적 전략	예상하기	학습자 자신이 예상한 내용과 글의 내용을 비교하기
	추론하기	글의 내용을 바탕으로 결론을 예상하기
	배경지식 이용하기 (내용, 형식 스키마)	글의 내용과 형식에 관한 학습자의 지식 이용
	다시 읽기	단어, 문장, 단락 등을 다시 읽어 이해하기
	질문하기	글 내용에 반응하여 주요 사항에 대해 질문하기

하향적 전략	훑어 읽기와 건너뛰며 읽기	대강의 내용이나 상세한 정보를 찾기 위한 읽기, 어려운 부분을 생략하며 읽기
	문맥 이용하기	모르는 부분을 문맥을 이용하여 이해하기
	구상화하기	글을 읽으며 상상하기
	요약하기	주요 내용을 간추려 정리하기
상위인지적 전략	과제에 대해 언급하거나 평가하기	과제의 지식이나 자신의 이해 정도를 언급하기
	읽기 전략이나 과정을 인식하기	읽기 전략을 사용하는 것을 결정하기
	감시 조정하기	전략 사용 상황에 대한 판단과 글의 이해정도를 인식하기
	읽기 목적 설정하기	목적이나 텍스트 유형에 따라 계획 세우기
보조적 전략	글에 표시하기	다양한 기호를 이용하여 이해하기
	메모하기	중요한 정보나 요약한 것을 메모하기
	보조 자료 이용하기	사전이나 도움이 될 만한 자료를 이용하기
사회적 전략	다른 사람에게 질문하기	교사나 친구에게 질문하여 문제 해결하기
	다른 사람의 읽기 행위 관찰하기	다른 사람의 읽기 행위 관찰하여 이용하기
정서적 전략	자신감, 흥미, 동기유발 조정하기	학습자 스스로 읽기에 대한 흥미, 좌절, 동기부여 등에 대해 조정하기

기준성(2009)에서는 Cziko(1980: 101)에서 제시한 읽기 범

주를 바탕으로 읽기 전략 활성화 영역에 대한 논의를 진행하면서 Sim(2007)을 참고하여 읽기 전략을 크게 인지 읽기 전략, 상위 인지적 읽기 전략, 보조 읽기 전략, 사회 읽기 전략, 정의 읽기 전략과 대내 상호작용 읽기 전략 6개 분류로 나누었다. 또한 인지 전략의 하위 분류로 상향식 읽기 전략, 하향식 읽기 전략과 상호작용 읽기 전략으로 나누었다. 이런 읽기 전략 활성화 영역에서 활성화될 수 있는 읽기 전략의 범주 및 하위 유형은 <표 4.6>과 같다.

<표 4.6> 읽기 전략의 범주 및 하위 유형 (기준성, 2009)

읽기 전략 범주		읽기 전략 유형
인지 읽기 전략	상향식 읽기 전략	1. 소리 내어 읽기
		2. 부분에 주의 기울이기
		3. 각각의 단어 이해하기
		4. 번역하기
		5. 문장 구조에 주의 기울이기
		6. 음절로 나누기
		7. 어절로 나누기
		8. 환언하기
		9. 각각의 대명사 이해하기
		10. 문법 형태 이용하기
	하향식 읽기 전략	1. 제목 이용하기
		2. 훑어 읽기
		3. 건너뛰기
		4. 배경지식 이용하기

인지 읽기 전략	하향식 읽기 전략	5. 문맥 이용하기
		6. 가려 읽기
		7. 다시 읽기
		8. 마음에 그림 그리기
		9. 번역하지 않기
		10. 예상하기
상위인지적 읽기 전략		1. 읽기 속도 조절하기
		2. 읽기 방법 조절하기
		3. 읽기 방법 생각하기
		4. 멈추고 생각하기
		5. 평가하기
기타 읽기 전략	보조 읽기 전략	1. 표시하기
		2. 메모하기
	사회 읽기 전략	1. 질문하기
		2. 따라 하기
	정의 읽기 전략	감정 조절하기

4.3 읽기 전략 지도의 유용성

읽기 지도의 가장 중요한 점은 학습자들이 스스로 문제 해결을 위해 자신이 가지고 있는 지식을 활용할 수 있는 능력을 키워주는 것이다. 많은 읽기 연구의 결과는 대부분의 학습자들은 읽기 과정에서 많은 전략을 사용하고 있음을 밝혔다. 읽기 능력이 우수하건 우수하지 않건 간에 대부분의 독자들은 읽기 활동을 하면서 전략을 사용하지만 말할 것도 없이 읽기 능력이 좋은 독자는 전략을 더 효과적으로 사용하고 있음을 알 수 있다. 또한 읽기 능력이 좋은 독자는 전략을 하나만 사용하는 것이 아니라 여러 가지 전략을 조합해서 사용하며, 이러한 전략들을 자동화된 결합이 이루어지도록 한다. 읽기 교수에서 전략의 중요성을 인정하는 많은 학자들의 전략은 효과적으로 가르칠 수 있으며 전략 지도가 읽기 이해를 향상시킬 수 있으므로 전략 지도가 읽기 이해 지도의 중심 요소가 되어야 한다는 점을 지적하고 있다.

Grabe(2009)에서는 전략적인 독자의 행위를 다음의 몇 가지 특성으로 지적하고 있다. ①텍스트가 무엇에 대한 것인가를 예측하기 전에 제목, 텍스트 특징, 사진과 같은 형태를 통해 평가를 시작한다. ②자신의 이해 여부를 지속적으로 감시한다. ③텍스트 정보를 기존의 배경지식과 연결한다. ④스스로 질문하고 텍스트 안에서 답을 찾는다. ⑤때로 텍스트 구조의 특징에 주의를 기울여 이해에 도움을 받는다. ⑥이해가 잘 안 될 때 독해력을 지원하는 전략(다시 읽기, 요약하기, 배경지식 연결시키기, 중요한 부분과 연결시키기 등)을 사용한다. ⑦텍스트에 있는 정보에 대해 요약한다. ⑧읽은 다음에 다시 텍스트에 있는 내용을 회상한다.

4.4 읽기 전략 사용의 실제 적용

한국어 교육에서 이와 관련된 연구로 왕억문(2014)에서는 학문 목적 고급 단계 중국인 한국어 학습자 100명을 대상으로 설문조사를 실시하였고 모국어 읽기 능력, 모국어 읽기 전략, 한국어 읽기 능력 및 한국어 읽기 전략 사용 간의 관계를 분석하고 모국어 읽기 전략이 외국어 읽기 전략과 읽기 능력에 미치는 영향을 중심으로 살펴보았다. 분석 결과를 보면 중국어 읽기 전략을 많이 사용하는 학습자들은 한국어 읽기 전략도 많이 사용하지만 그것이 한국어 읽기 능력에 잘 반영되지는 못하였고, 읽기 능력이 다른 학습자들은 사용하는 전략도 다르다고 하였다. 또한 한국어 읽기 능력이 높은 학습자는 모국어에서 사용하는 전략의 전이가 잘 될 것이라고 하였다.

왕억문(2014)에서는 먼저, 모국어 읽기 전략, 한국어 읽기 전략과 읽기 능력 간의 상관관계가 있는가를 살펴본 후 모국어 읽기 전략이 한국어 읽기 전략과 읽기 능력에 어떤 영향을 미치는가에 대해서 알아보았다. 상관관계를 살펴본 결과에 따르면 중국어 읽기 전략과 한국어 읽기 전략 사용 간에 $r=0.661$이라는 가장 높은 상관관계가 나타났다. 다음으로 한국어 읽기 전략은 한국어 읽기 능력과 $r=0.325$의 상관관계가 있고 중국어 읽기 전략과 한국어 읽기 능력 간에 $r=0.256$의 상관관계가 있었다. 또한 회귀분석을 실시한 결과에 따르면 중국어 읽기 전략 사용 능력은 한국어 읽기 전략 사용 능력에 정적 영향을 미치고 한국어 읽기 능력에도 정적 영향을 미친다는 것이다. 각각 43.6%와 6.5%의 설명력으로 큰 차이를 나타내며 중국어 읽기 전략 사용 능력이 한국어 읽기 능력보다 한국어 읽기 전략 사용 능력에 영향을 더 많이 주는 요인이 된다는 것을 알 수 있었다. 즉, 중국어 읽기 전략을 많이 사용하는 학습자들은 한국어 읽기 전략도 많이 사용하지만 그것이 한국어 읽기 능력에 잘 반영되지는 못하였다는 것이다. 이와 같은 결과는 Hardin(2001)이 주장한 모국어 읽기 전략 사용 능력이 외국어 읽기 능력보다 외국어 읽기 전략 사용 능력에 더 크게 영향을 미칠 가능성도 있다는 내용과 유사하다. 또한 어떤 전략이 읽기 능력에 더 크게 영향을 미치는가를 알아보기 위하여 읽기 전략을 영역별로 회귀분석을 실시하였다. 중국어 읽기 전략 중에 한국어 읽기 능력에 영향을 미치는 요인은 중국어 상위인지 읽기 전략(10.6%의 설명력), 정의적 읽기 전략(9.1%의 설명력), 하향식 읽기 전략(7.3%의 설명력) 순으로 나타났고, 한국어 읽기 전략 중에 한국어 읽기 능력에 영향을 미치는 요인은 한국어 상위인지 읽기 전략(14.4%의 설명력), 정의적 읽기 전략(12.8%의 설명력), 하향식 읽기 전략(10.3%의 설명력), 상향식 읽기 전략(4.9%의 설명력) 순으로 나타났다. 이 결과를 통하여, 읽기 전략 중 상위인지 읽기 전략, 정의적 읽기 전략, 하향식 읽기 전략이 한국어 읽기 능력에 가장 큰 영향을 미친다는 것을 알 수 있었다. 또한 한국어 상향식 읽기 전략이 중국어 상향식 읽기 전략보다 한국어 읽기 능력에 더 큰 영향을 미친다는 사실도 발견했다. 이는 선행 연구에서 살펴봤듯이 외국어 읽기에서와 반대로 모국어 읽기에서는 언어적인 요소가 2차적 요소로서의 중요성을 가진다는 것으로 설명할 수 있다. 외국어 읽기 과정에서 학습자의 언어적인 지식이 요구되므로 고급 수준의 학습자라 하더라도 외국어에 관한 언어적인 장애가 생겼을 때 모국어 읽기에서보다 더 많은 상향식 전략을 사용하고 본능적으로 작은 단위에서부터 텍스트를 이해하려는 것이기 때문이다.

둘째, 읽기 능력의 차이에 따라 전략 사용과 전이 양상에 관한 문제이다. 먼저 t-검정을 실시한 결과를 보면 중국어 읽기나 한국어 읽기를 할 때, 중국어 읽기 능력이 높은 학습자들이 읽기 능력이 낮은 학습자들보다 하향식 읽기 전략, 상위인지 읽기 전략, 정의적 읽기 전략을 더 많이 사용하고 한국어 읽기 능력이 높은 학습자들은 읽기 능력이 낮은 학습자들보다 상위인지 읽기 전략과 정의적 읽기 전략을 더 많이 사용한다는 결과가 나왔고 읽기 능력이 다른 학습자들은 사용하는 전략도 다르다는 연구가설이 검증되었다. 그리고 전략의 전이 양상에 관한 문제이다. 우선 읽기 능력에 따라 학습자가 사용하는 모국어 읽기 전략이 한국어 읽기에 전이되는 양상을 살펴보았다. 대응표본 $t-$ 검정을 실시한 결과에 따르면 중국어 읽기 능력이 좋은 학습자들은 중국어에서 성공적으로 사용하였던 하향식 읽기 전략, 상위인지 읽기 전략, 정의적 읽기 전략을 한국어 읽기로 전이시킬 수 있다. 그러나 중국어 읽기를 잘 못하는 학습자들은 하향식 읽기 전략만 한국어 읽기로 전이시킨다. 또한 한국어 읽기 능력이 높은 학습자들은 한국어 읽기 능력이 낮은 학습자들보다 상위인지 읽기 전략과 정의적 읽기 전략을 더 많이 사용하였으나 그 학습자들과 한국어 읽기를 잘 못하는 학습자들 모두 모국어에서 사용하였던 하향식 읽기 전략을 한국어 읽기로 전이시킬 수 있다. 한국어 읽기 능력과 상관없이 학습자들은 모두 모국어에서 사용하였던 하향식 읽기 전략을 한국어 읽기로 전이시킬 수 있으나 한국어 읽기 능력이 높은 학습자들이 그렇지 않은 학습자들보다 중국어 읽기에서나 한국어 읽기에서도 하향식 읽기 전략을 더 많이 사용하였다는 것을 고려하여 한국어 읽기 능력이 높은 학습자는 모국어에서 사용하는 전략의 전이가 잘 될 것이라는 연구가설이 검증되었다. 또한 학습자들이 사용하는 모국어 읽기 전략들 중 어떤 전략이 한국어 읽기 전략으로 가장 많이 전이되는가에 대해 개별 전략을 대상으로 대응표본 $t-$ 검정을 실시하였다. 분석 결과를 보면 학습자가 중국어 읽기에서 사용하는 전략들 중 예상하기 전략, 배경지식 이용하기 전략, 훑어 읽기 전략, 다시 읽기 전략, 문맥 이용하기 전략과 같은 하향식 읽기 전략은 모두 전이가 될 수 있다는 것으로 예상된다. 상위인지 읽기 전략 중에 읽는 방법 조절하고 수정하기 전략과 평가하기 전략, 정의적 읽기 전략 중에 불안 완화 전략도 외국어 읽기로 전이될 가능성이 크다고 볼 수 있다.

위와 같은 결론에 근거하여 읽기 지도 및 한국어 읽기 학습과 관련하여 제언을 하자면 다음과 같다. 첫째, 학습자의 모국어 읽기 전략 사용 능력이 한국어 읽기 전략 사용 능력에 영향을 미치는 가장 중요한 요인이며 한국어 읽기 능력에도 영향을 미치므로 한국어 능력을 향상시키기 위해서는 모국어 읽기 전략 지도와 한국어 읽기 전략 지도를 병행할 필요가 있다. 특히 중국 현지에서 이루어지고 있는 한국어 교육에서 실제적으로 실현할 가능성이 크고 의미가 있다는 것이다.

둘째, 기존 연구 결과와 더불어 한국어 읽기 전략을 많이 활용할수록 한국어 읽기 능력이 높아진다는 왕억문(2014)의 연구 결과를 바탕으로 읽기 능력을 효과적으로 향상시킬 수 있도록 현장에서 한국어 수업 시, 특히 읽기 시간에 한국어 읽기 전략을 체계적으로 지도할 필요가 있다. 특히 중국에서 한국어 교육을 할 때 모국어 읽기 전략과 한국어 읽기 전략을 연계하여 지도할 수 있도록 중국어와 한국어 교과 간의 통합 전략 지도 방안도 고려해 볼 만하다. 학습자들이 모국어 읽기에 대한 흥미와 자신감뿐만 아니라 모국어 읽기에서 성공적으로 사용하였던 전략들도 한국어 읽기로 전이시킬 수 있도록 하는 것이다.

제 5 장
읽기와 어휘

中文导读

第五章　阅读与词汇

本章着重研究阅读与词汇的关系。在理论研究部分，首先，整理了词汇知识与词汇能力的基本概念和特性，词汇的类型、数量和选定方法，以及词汇习得理论和词汇学习方法。其次，从词汇对阅读能力的影响和阅读对词汇学习的影响两方面介绍了词汇能力和阅读能力的密切关系。最后，分析了韩国语教育领域关于词汇和阅读的研究。本章的实践部分主要探索了韩国语学习者的词汇/语法能力和阅读能力之间的相互关系，以及随着韩国语能力和词汇/语法能力的提高，影响阅读能力的因素。

5.1　词汇知识与词汇能力

5.1.1　概念和特性

词汇知识也可以被称为词汇能力，在使用上和词汇能力没有区别。词汇知识是关于词汇整体性的知识，根据词汇知识的构成因素，学者们对词汇知识概念的定义存在差异。词汇能力是掌握

丰富的词汇并准确使用它的能力，以及根据已认识的单词推测不认识的单词意义或理解并表达单词的指示性、脉络性、比喻性等意义的能力。

词汇知识是词汇能力的基本因素。观察阅读过程的自下而上模式、自上而下模式和交互模式会发现，三种模式都将词汇知识作为词汇能力的基本因素（Grabe，1991；Carrell，1988）。

关于词汇知识的具体论述可以参考 Nation（1990）。Nation（1990）将单词知识论述为以下 8 个层面：①单词的口语形态；②单词的写作形态；③单词的语法形态；④单词的短句关系；⑤单词的频度；⑥单词记录的限制；⑦单词概念性的意义；⑧单词的搭配。Nation（2001）在研究中将此论述更加具体化，把词汇知识分为 3 大范围，细分为 18 项：第一，以形态区分，分为口语形态、书面语形态和词汇（包括接受性词汇和产出性词汇）；第二，根据形态而得来的意义、概念、指示关系和包含联想的意义领域；第三，作为使用领域，包含语法技能、语句、使用领域或使用频度上的限制。

5.1.2 接受性词汇（receptive vocabulary）和产出性词汇（productive vocabulary）

Nation（2001）的研究指出，接受性词汇是在听力和阅读活动中认识单词的形态，识别单词的意义。产出性词汇是使用正确的口语和书面语单词形态把想表达的意思通过会话和写作活动表达出来。对这些概念的定义，学者们没有使用明确的二分法，也没有使用相同的用语。在概念使用上，有主动词汇（active vocabulary）对被动词汇（passive vocabulary），或者理解（comprehension）对产出（production）、理解（understanding）对口语（speaking）、认知词汇（recognitional vocabulary）对实际或可能使用（actual or possible use）这些相互对立的概念（Melka，1997）。Melka（1997）提出熟悉度（familiarity）和知识的程度性（degree of knowledge）能区分两种概念。该研究主张学习者初次遇到词汇时只具备有限的知

识，随着反复接触词汇，学习者会慢慢掌握词汇的发音、拼写、语法规则、意义和使用范围等，再达到自己可以使用词汇的程度。理解性知识和表现能力可以被理解为熟悉度的差异，但是理解性知识能否转变为表现能力则尚未明确。此外，因为知识的程度性无法明确界定两个概念之间的节点，所以明确地区分词汇知识绝非易事。即便如此，"接受性词汇比产出性词汇更多，所以接受先于产出"的见解也被大众所接受。这种见解可行的原因是将词汇知识分为两类并试图测定的研究一直存在。测定两种类型词汇知识的研究结果显示，有的研究认为在第二语言中接受性词汇的数量比产出性词汇的数量多一倍或者更多；也有研究认为在第二语言学习初期，接受性词汇能被快速吸收，但随着时间的推移，产出性词汇的内化过程相对来说会更快；还有研究认为产出性词汇和接受性词汇之间的差距并没有那么明显。

5.1.3　词汇类型、词汇量、词汇选定

5.1.3.1　词汇类型

Kim Gwanghae（1988）的研究指出，根据日常生活中使用的词汇的频度和难易度，可以将词汇分为Ⅰ类词汇（高频度词汇、基础词汇）和Ⅱ类词汇。Ⅰ类词汇具有以下特征：①从语言进步过程的初期开始与语音和语法的进步一同形成；②作为基本沟通的工具被使用；③词汇意义的领域具有一般性的意义内容；④与学习水平和知识水平的高低无关，被大部分语言使用者共同习得；⑤与系统性的教育活动或专门的训练无关，通过日常生活自然而然地习得。Ⅱ类词汇在各个专门领域的分布受到限定，具有以下特征：①完成基础性的语言发展后，和高等神经机能的发展一同被习得；②承担为了专门领域的工作或展开理论而作为术语的机能；③意义范围缩小，存在使用方法上的限制，一般作为专门、特殊的用法被使用；④与学习获得程度或知识的程度成正比，只有经过有目的的、人为的教育和特殊的训练过程才能习得；⑤Ⅱ类词汇因为决定了听力、

口语、阅读、写作等语言使用能力的水平而显得重要，与高等思考机能有密切的关系，在词汇本质的层面上更能细分意义差异。Sin Myeongseon（2004）的研究将Ⅱ类词汇分为思考工具语和专用术语。思考工具语不局限于特定的学问领域，而是在多个学问领域被共同使用的词汇，多出现在学术著作中。例如，像"유입되다（被流入）""도입되다（被导入）"这样的词汇多出现在学术著作中，在日常交流中更多使用"들어오다（进来）"。专用术语是只在特定的学术领域中被使用的词汇，是要想成为某个特定领域的专家必须知道的词汇。

Nation（1990、2001）的研究指出，在学术著作中出现的词汇可被分为高频词汇、学术基本词汇、学术专门词汇、低频词汇四大类型。高频词汇是基础词汇；学术基本词汇是在学术文章中分布广泛、经常出现的词汇；学术专门词汇是只在特定学问领域被使用，或虽是高频词汇，但是以特殊的概念被使用的词汇；低频词汇是高频词汇、学术基本词汇、学术专门词汇之外的频度低的词汇。但是这种分类没有使用一致的分类标准。高频词汇和低频词汇是根据频度进行分类的，学术基本词汇和学术专门词汇是根据属性进行分类的。因此，Sin Myeongseon（2006）在研究中将Nation的分类进行了补充完善，分为基础词汇（即高频词汇）、专用术语、思考工具语。高频词汇作为基础词汇，包含了其属性的信息；低频词汇指专用术语和思考工具语中频度低的词汇。

5.1.3.2 词汇量

Nation（1990、2001）的研究指出，认识基础词汇中的2000个词就可以理解一篇文章大约80%的内容；认识2000个词后，即使再认识4000个基础词汇，也很难理解文章90%的内容。但是，认识2000个基础词汇后再认识570个学术基本词汇，就可以理解文章90%的内容。我们一般认为理解文章90%的内容就可以充分理解文章的内容，但是要想准确理解文章的主题，至少要理解文章95%的内容。因此，要想理解学术性文章，只掌握基础词汇和学术

基本词汇是不够的。

比起普通的文章，阅读学术性的大学教材需要更强的词汇能力。Hazenberg 和 Hulstijn（1996）在研究中主张荷兰的第二语言学习者在大学一年级时为了阅读学术性文章，至少需要知道 10000 个词汇，拥有这种程度的词汇量才能理解大学教材 99%～100% 的内容。Coady（1997）的研究强调了自动识别核心词汇的必要性，认为要想理解高级水平的学术文章不仅需要优秀的阅读能力，还需要认识最少 5000 个外语词汇。

在进行阅读理解的词汇指导时，假设学习者成功理解文章需要知道文章中 95% 的单词，那么，在学习者所阅读的文章中该如何反映这个问题，如何在学习者可理解的范围内制订词汇学习计划成为需要思考的问题。例如，文章的一页中有大约 300 个单词，如果要知道 95% 的单词，那么就会有 15 个左右不认识的单词，也就是说，在一行中会有 1～2 个不认识的单词。但是，优秀的读者在阅读时只有知道 99% 的单词，即不认识 3 个左右的单词，才能独立阅读并很好地理解文章。

5.1.3.3　词汇选定

无论学习何种语言，在有限的教学时间内都不可能教授所有知识。因此，无论是在词汇教育还是在语言教育中，选定学习者必须掌握的词汇都是重要的研究事项之一。词汇选定一般有三种方法：客观性方法、主观性方法、综合性方法。客观性方法是从数据库等大规模资料中计算频度，以统计数值为基准选定词汇的方法。主观性方法是依托专家直觉的方法，在词汇选定中依托于研究者的主观判断，是依据教师的教学经验和直观感觉来判断的方法，也是韩国语教育中经常使用的方法。综合性方法是综合客观性方法和主观性方法的方法。这种方法先使用客观性方法从语言资料中选出词汇，再使用主观性方法对结果进行修改，以期选定更合适的词汇。Cho Namho（2003）使用了综合性方法，克服了客观性方法和主观性方法的缺点，相互补充。可以说，综合性方法是外国语教育中较为理

想的方法。

Saville-Trokie（1976）的研究指出，教材中词汇的选定需要选择学校、社会、家庭等实际生活中经常被使用的词汇，首先选择频度高的词汇才能提高词汇学习的效率。Halliday、Melntosh 和 Strevens（1971）的研究认为，词汇选定的标准是频度、可用性、教学容易性、教学的需求。Huebener（1959）的研究主张选择和日常生活关系密切的实用性词汇，即概念明确、使用频度高的词汇。

以上研究都把频度看作词汇选定的条件。学习者更倾向于学习高频词汇，且高频词汇更容易习得，所以频度成为词汇选定的第一标准。但是，根据频度选定词汇时需要细心地观察和分析。Sinclair 和 Renouf（1988）的研究主张频度最高的词汇不一定是对学习者最有用的，高频度的词汇还需要教育专家的直观判断作为补充。以学术研究为目的的韩国语词汇在口语中使用频度低，但在大学完成听课、阅读教材、撰写报告等学业任务时却是必需知道的词汇，因此，只把频度当作词汇选定标准是不充分的。Yoo Haejun（2007）综合多名学者的意见，指出四种词汇选定的方法：频度、分布图、学习难易度和学习者的需求。

5.1.4　词汇习得与词汇学习

很多学者解释了词汇是如何被储存在大脑中且被使用的词汇习得过程理论。Channell（1988）的研究从心理学的观点出发，将词汇分为接受性理解和产出性使用两个方面。接受性理解是产出性使用的前一阶段，是将单词识别为语音并在大脑中找出相应意义的过程。相反，产出性使用是为了表达自己的意思而把从大脑中找到的单词套入语法结构的过程。也就是说，接受性理解是从声音到意义的过程，产出性使用是从意义到声音的过程，可以说两者是相互补充的关系。另外，Ellis（1997）的研究从形态和意义两方面解释了词汇习得。词汇的形态习得是学习者通过推论寻找形态的相关样式并储存在长期记忆中的过程。相反，意义习得过程是将新单词的形

态与已有的概念或母语中的同等语相连接，创造出新的意义的过程。

Hatch和Brown（1995）的研究将学习者从遇到新单词到与目标语言体系融合的过程分为五个阶段：①遇到新单词；②认识单词的形态；③认识单词的意义；④记住单词的形态和意义；⑤使用单词。在这五个阶段，很多单词会在中间阶段被忘记，只有少数单词可以完全到达习得的阶段——使用单词。

也有研究分析母语与外语的语言习得差异。Barcroft（2003）的研究将词汇习得看作语言输入处理过程，集中研究学习者是如何使用语言输入来处理新的外语词汇的。学习者为了成功学习新的外语词汇，使用语言输入识别新词汇，需要经过形式（form）、意义（meaning）、映射（mapping）三个处理过程：首先，在记忆中将新词汇的形式编码；其次，激活适当的语义来表示此单词的含义；最后是将该词汇的词义与形式通过映射联系起来而习得的阶段。

Ellis（1994）在研究中将学习分为显性学习（explicit learning）和隐性学习（implicit learning）。显性学习是学习者在学习过程中设定假说并验证假说的有意识性的学习。相反，隐性学习是通过自然发生的过程自动习得知识。

词汇教学-学习领域中，显性词汇学习是指根据提前计划好的方式进行有意的词汇学习（Hatch & Brown，1995）。因此，显性词汇学习是指通过直接的词汇学习，教师解释词汇的意义，确认学习者是否理解，让学习者尝试在实际中使用词汇等系统地处理词汇的方法，提升学习者的词汇能力。很多教学-学习研究者主张有必要明确、直接地教授新单词。但是，即使是被计划得再优秀的词汇教学方法也无法解释学习者们学习的所有单词的意义，也无法处理阅读资料中出现的所有词汇，显性词汇学习方法是有限的（Nagy & Anderson，1984）。

隐性词汇学习是20世纪80年代末受到关注的词汇习得研究的一个领域（MacWhinney，1997）。隐性词汇学习主要是通过广泛的听力或阅读在语境中推测词汇的意思来习得词汇。通过这样的

语义推论进行的词汇学习可以使学习者掌握词汇的含义和使用规则（Huckin & Coady，1999）。隐性词汇学习可以给学习者学习词汇带来以下积极的影响：第一，隐性词汇学习可以使学习者具备自己学习新词汇的能力（Jenkins，Matlock & Slocum，1989）；第二，隐性词汇学习是通过阅读和会话等语境来实现的，在词汇使用和含义方面可以给学习者提供丰富多样的感觉；第三，隐性词汇学习通过听力或阅读来推测词义，词汇学习与阅读或听力同时进行，教育效果比单纯的显性词汇教学更好；第四，因为是学习者自己选择感兴趣的领域的阅读或听力资料，所以，隐形词汇学习也可以说是以学习者为中心的个性化学习（Huckin & Coady，1999）。

但是，隐性词汇学习方法并不一直是有效的词汇学习方法（Jenkins，Stein & Wysocki，1984），因为如果学习者没有意识到词汇形态与含义的关系，词汇学习是无法实现的。此外，很多时候阅读或听力资料的语境信息并不明确，因而学习者很难准确地推测词汇的意思。隐性词汇学习还有以下不足之处：首先，很多学习者如果遇到不认识的词汇，在大多数情况下会跳过去；其次，在学习者的外语能力弱，或者语境信息不明确的情况下，学习者可能会错误地推测词汇的意思（Paribakht & Wesche，1999）；最后，即使学习者正确推测出词汇的意思，也无法立刻将其转化为词汇的习得，因此，习得的新词汇数量极少（Huckin & Coady，1999）。

作为学习词汇的方法，显性词汇学习和隐性词汇学习不是相互冲突的，学习者应该根据自身的学习目的、状况和学习阶段而对其加以结合。Nation 和 Newton（1997）的研究指出，频度高的词汇在词汇学习初级阶段要通过直接显性的词汇学习方法来学习，频度低的词汇要使用非显性的词汇学习方法来学习。

5.2 词汇知识与阅读能力之间的关系

目前，很多研究论证了词汇知识与阅读能力之间有密切的相关

关系（Nagy，Herman & Anderson，1985；Nation & Coady，1988；Stoller & Grabe，1933）。也就是说，掌握更多词汇量的学习者比词汇量少的学习者能更好地理解文章，阅读能力出众的学习者更能推测出文章中不认识的词汇的含义。

在阅读理论中，为了说明读者的词汇能力与阅读能力之间的密切关系，学术界提出了以下三种假说。

第一，工具假说，词汇能力对阅读有直接性影响。它强调对词汇的直接指导和词汇练习，重视个别词汇的意义和量性层面。

第二，语言学能假说（Language Aptitude Hypothesis），个体特征或智力可以促进词汇和阅读能力的提升。虽然词汇能力强与更好地理解文章之间没有直接性关联，但是在具有相同文化背景的学习者中，词汇能力强的人比词汇能力弱的人更容易理解文章。

第三，知识假说，特定领域的知识或关于社会时事的知识可以促进对词汇和文章的理解。这个假说强调词汇与个人经验相关的联想意义和图式信息。

5.2.1　词汇对阅读能力的影响

词汇能力是影响阅读的众多因素中最重要的因素之一。即使背景知识再丰富，如果不知道词汇的意义，也不可能理解文章。Davis（1989）的研究指出，对于包含很多低频度词汇的文章，虽然学习者都能掌握各自的含义，但是因为需要在理解单词的意义上投入特别多的注意力，所以不能有效利用背景知识。该研究分析了九大阅读能力检测因素，其中，词汇能力对阅读能力最具影响力。

Schoonen、Hulstijin 和 Bossers（1998）的研究指出，因为阅读能力与词汇能力之间有密切的关系，所以读者要想准确理解文章的意思，就需要掌握相当数量的词汇。

虽然阅读理解能力强的学习者不全都具有很强的词汇能力，但是很多关于词汇和阅读的关联性的研究表明，越是具有强词汇能力的学习者，其在阅读理解中越可能达到更高的水平。相反，从整体

来看，词汇能力薄弱的学习者在阅读方面存在问题的可能性更大。因此，词汇能力与阅读理解有密切的关系，词汇能力的提升可促进阅读理解能力的提升。

5.2.2 阅读对词汇知识的影响

正如词汇是阅读中重要的因素，阅读也会影响词汇学习。Grabe 和 Stoller（1997）的研究指出，在第二语言中阅读学习和词汇学习之间有很强的相关性。也就是说，学习者通过阅读提升词汇知识，增长的词汇知识可以促进阅读能力的提升。此外，在阅读过程中伴随着词汇知识的学习，两种能力相互补充、相互促进。词汇是阅读的基本因素，阅读成为词汇学习的基石。

阅读能力很大程度上受到词汇能力的影响，因此，关于如何指导词汇学习是语言学习中很重要的一部分。根据阅读的目的和策略，学习者可以选择不同的词汇学习方式，在阅读之前学习词汇；也可以在阅读的过程中自己通过语境推测词汇的意思；还可以在阅读后，教师和学习者一起学习词汇。对初级学习者来说，他们需要在阅读之前学习相关词汇和短语，但是在阅读之前进行过多的词汇解释则会使阅读目的和策略模糊化，还会使学习者偏执于词汇学习或过度倾向于使用自下而上模式。阅读前阶段的词汇指导要限于理解文章所必需的词汇。在阅读中阶段，教师要注意不要过多地干涉学习者，要避免解释不认识的词汇或让学习者查字典等行为，要引导学习者根据语境推测不认识的词汇并回答问题。在阅读后阶段，要提供多样的语境帮助学习者理解词汇，并提供练习，让学习者学会正确地使用词汇。对于必需的词汇，要令其经过语义转达、语义确认、词汇使用的阶段。

5.3 关于词汇和阅读的研究

在韩国语教育中，关于词汇和阅读的研究大多数是关于词汇和

阅读能力的关系的研究和通过阅读学习词汇的研究。

5.3.1 词汇和阅读能力的关系

关于词汇和阅读能力的关系的研究主要是论证词汇知识和阅读能力之间有相关关系，词汇能力可以影响阅读能力。具体的研究有 Choi Yeonghwan（1993）、Han Cheolu（1996）、Han Minhui（1998）、Kim Gyeongmi（2001）、Hwang Mihyang（2005）、Kim Jiyeong（2009）、Lee Hyeongju（2009）、Noh Migyeong（2011）、Wang Bi（2012）、Jeong Miran（2013）、Cha Eunyeong（2014）、Kim Seonjeong 等（2017）、Jee Mungeon（2019）、Yoo Cheolu（2020），等等。

5.3.2 通过阅读学习词汇

关于通过阅读学习词汇的研究主要是通过语境推测探索词汇的学习方法，并验证其方法有效性的研究。具体的研究有 Jeong Insuk（1995）、Kim Sujeong（1998）、Lee Hayeong（2002）、Shin Sukja（2002）、Byeon Myeongran（2003）、Lim Sukgyeong（2004）、Hwang Hyesuk（2004）、Chang Jiyeong（2009）、Nam Yujin（2013），等等。

5.4 实例分析

现有研究已经表明，第二语言学习者的词汇或语法能力与阅读能力之间存在较强的相关关系，但是关于随着词汇能力或语法能力的提高，阅读能力是如何变化的研究寥寥无几。元美珍（2014）探究了高级韩国语学习者的韩国语能力考试阅读分数和词汇/语法能力之间的相关关系，以此来了解韩国语学习者阅读能力的特性。此研究分析了154名高级韩国语学习者的韩国语能力考试成绩，其中，韩国语能力考试成绩为5级的学习者有66名，6级有88名。对于

韩国语能力考试成绩为5级的学习者或词汇/语法能力的分数在平均分以下的学习者,与阅读能力有最大相关关系的语言能力是词汇/语法能力。但是对于韩国语能力考试成绩为6级的学习者或词汇/语法能力的分数在平均分以上的学习者,研究没有发现第二语言的语言能力和阅读能力之间有相关关系。研究结果表明,在第二语言学习者的语言能力达到一定水平之前,词汇/语法能力对阅读能力的影响最大,但是高级学习者的阅读能力还受到母语阅读能力或其他语言能力和因素的影响。

5.1 어휘 지식과 어휘 능력

5.1.1 개념 및 특성

> 무엇을 어느 정도까지 알아야 어휘를 안다고 말할 수 있을까? 어휘를 안다고 하면 무엇을 할 수 있을까?

어휘 지식(vocabulary knowledge)은 때로 어휘력이라는 용어로 사용되기도 하며 어휘 능력(lexical competence)과 차이 없이 사용되기도 한다. 어휘 지식이라 함은 어휘에 대한 총체적인 지식이며 무엇을 이러한 어휘 지식의 구성 요소로 보느냐에 따라 학자마다 어휘 지식에 대한 개념에 차이가 있다.

김광해(1993)는 어휘 지식을 어휘력이라는 용어를 사용하며 이러한 어휘력은 어휘에 대한 양적 능력과 어휘의 의미에 대한 이해 및 어휘들 사이의 관련성에 대한 이해를 바탕으로 한 질적 능력으로 나누어 설명하고 있다. 임지룡(1998)은 어휘 지식을 학습자의 머릿속에 저장되어 있는 어휘 창고의 지식에 관한 문제라고 하면서, 어휘 창고에 저장되어 있는 개개의 단어는 음성 형식, 문장 속에서의 역할, 의미 등 세 가지 측면의 정보가 포함되어 있다고 하였다. 따라서 학습자가 하나의 단어를 안다고 할 때는 기본적으로 이 세 가지 정보를 파악하고 있음을 뜻한다.

어휘 능력이란 교과서적인 정의에 의하면 단어를 정확하고 풍부하게 알고 사용하며, 이미 알고 있는 단어를 바탕으로 해서 모르는 단어의 의미를 추리해 내거나 지시적, 문맥적, 비유적 의미 등을 이해하고 표현하는 능력이다. 이를 바탕으로 신명선(2008)

에서는 어휘 능력을 어휘를 표현하고 이해하는 능력, 다시 말해 구체적인 의사소통 상황에서 어떤 대상이나 일, 현상 등을 상황을 고려하여 적절하게 명명하거나 명명화된 것을 이해할 수 있는 능력으로 정의하였다.

  어휘 지식은 읽기 능력에 있어서 기본적인 요소이다. 읽기 과정의 상향식 모형, 하향식 모형과 상호보완 모형(interactive compensatory model)을 살펴보면 모두 어휘 지식을 기본적인 요건으로 여기고 있다(Grabe, 1991; Carrell, 1988). 그렇다면 어휘를 안다는 것은 어떤 의미일까? Thornbury(2002)는 어휘의 형태와 의미를 아는 것이 어휘를 아는 것이라고 하였으며 Folse(2004)는 어휘의 다양한 의미, 함축, 철자, 발음, 품사, 빈도, 용례 및 연어에 대해서 아는 것이라고 하였다. Laufer(1997)는 어휘를 안다는 것을 크게 6가지로 구분하였는데, 첫째는 발음과 철자를 아는 것, 둘째는 자립 형태소와 의존 형태소 및 단어의 파생 형태, 굴절 형태와 같은 단어 구조를 아는 것, 셋째는 구나 문장 속에서의 통사적 유형을 아는 것, 넷째는 개념적 의미와 화용적 의미를 아는 것, 다섯째는 다른 단어들 간의 의미 관계를 아는 것, 마지막으로 연어와 같은 쓰임을 아는 것이라고 하였다. Marconi(1997)는 어휘에 관한 지식을 추론 능력과 지시 능력으로 구분하였다. 추론 능력이란 언어의 내적인 능력으로서 특정 어휘가 사용되는 문장에 관한 지식이며 어휘들 사이에 존재하는 연결망에 관련한 이해 능력이라고 정의할 수 있다. 이와 같은 추론 능력은 어휘의 의미 추론, 바꿔 말하기, 정의 내리기, 유의어 찾기 등의 훈련을 통하여 고양시킬 수 있다. 한편 지시 능력은 어휘를 실제 세계에 적용하는 능력으로서 어휘집에 범주화되어 있는 대상의 이름을 찾아내고 대상에 부합하는 의미의 표상을 회상하는 능력을 의미한다. Stahl(1983, 1986)은 어휘 지식을 정의하기 위해 어휘 지식의 형식을 두 종류로 나누어 설명했는데, 정의적 정보와 문맥적 정보가 그것이다. 정의적 정보는 한 단어와 이미 알고 있는 다른 단어 사이의 논리적인 지식으로 구성되어 있는 것으로, 다시 말하면 사전에 실려 있는 단어의 정의, 동의어, 반의어, 접사 등의 정보를 말한다. 문맥적 정보는 단어의 핵심 개념으로 정의되는 것으로, 이것이 다양한 문맥 안에서 어떻게 의미가 변화해가는지를 포함하고 있는 정보이다. 어휘 지식을 획득한다는 것은 정의적 정보와 문맥적 정보가 함께 학습될 때 제대로 이루어지는 것임은 두말할 나위도 없다.

어휘 지식에 대한 구체적인 논의는 Nation(1990)에서 찾아볼 수 있다. Nation(1990)은 단어 지식의 8가지 측면 ①단어의 말하기 형태, ②단어의 쓰기 형태, ③단어의 문법 요소, ④단어의 연어 관계, ⑤단어의 빈도, ⑥단어의 문체적 기록의 제약, ⑦단어의 개념적 의미, ⑧다른 단어와의 연합으로 나누어 하나의 단어를 구성하고 있는 다양한 측면을 논의하였다. Nation(2001)에서 이 논의를 보다 체계화하여 어휘 지식의 큰 세 개의 범위를 총 18가지 항목으로 세분화하였다. 첫째는 형태로서 구어 형태, 문어 형태, 그리고 어휘(수용적인 어휘와 생산적인 어휘가 포함됨)이고, 둘째는 형태에 따른 의미, 개념, 지시 관계, 그리고 연상을 포함하는 의미의 분야이고, 셋째는 사용 분야로서 문법적 기능, 연어, 사용역이나 빈도 같은 사용상의 한계를 포함하는 것이다. 그 내용을 정리해 보면 <표 5.1>과 같다.[8]

---

8 노은숙(2009)에서 재인용함.

<표 5.1> Nation(2001)에서의 어휘 지식

형태	구어	R 이 단어는 어떻게 들리는가?
		P 이 단어는 어떻게 발음하는가?
	문어	R 이 단어는 어떻게 생겼는가?
		P 이 단어는 어떻게 쓰는가?
	어휘	R 이 단어의 어떤 부분이 인식 가능한가?
		P 의미를 나타내기 위해 어떤 단어 부분이 필요한가?
의미	형태와 의미	R 이 단어는 어떤 의미를 나타내는가?
		P 이 의미를 나타내기 위해 어떤 형태가 사용되는가?
	개념과 지시	R 이 개념에는 무엇이 포함되어 있는가?
		P 이 개념을 지시할 수 있는 단어는 무엇인가?
	연결	R 이 단어는 무엇을 떠올리게 하는가?
		P 이 단어 대신에 사용할 수 있는 다른 단어는 무엇인가?
사용	문법적 기능	R 이 단어는 어떤 문법적 패턴에서 일어나는가?
		P 어떤 패턴에서 이 단어를 사용해야 하는가?
	연어	R 이 단어는 어떤 단어와 같이 일어나는가?
		P 어떤 단어를 이 단어와 같이 사용해야 하는가?
	사용의 제약 (사용역, 빈도)	R 언제 어디에서, 어떻게 이 단어를 접할 수 있는가?
		P 언제, 어디에서, 어떻게 이 단어를 사용할 수 있는가?

*R(receptive knowledge): 수용적 지식, P(productive knowledge): 표현적 지식.

5.1.2 이해 어휘와 표현 어휘

> 듣기와 읽기 활동에서 알아내는 어휘는 어떤 어휘일까? 말하기와 쓰기 활동에서 사용하는 어휘는 어떤 어휘일까?

Nation(2001)은 이해 어휘는 듣고 읽는 활동 중에 단어의 형태를 인식하여 그 의미를 알아낼 수 있는 것이고, 표현 어휘는 말하기와 쓰기 활동을 통해 그 의미를 표현하기 원할 때 적합한 형식의 말하기 쓰기 단어를 생산해 낼 수 있는 것이라 하였다. 이러한 개념의 정립에 모든 학자들이 명백한 이분법을 적용하고 있지 않고, 같은 용어를 사용하고 있지도 않다. 그렇기 때문에 개념적으로도 능동적 어휘(active vocabulary)와 수동적 어휘(passive vocabulary) 혹은 이해(comprehension) 대 생산(production), 이해(understanding) 대 말하기(speaking), 인식 어휘(recognitional vocabulary) 대 실제 가능한 사용(actual or possoble use)이라는 두 가지 대비되는 개념으로 설명해 보려는 시도들이 있어 왔다(Melka, 1997). Melka(1997)는 두 개념을 구분하는 요소로 친밀성(familiarity)과 지식의 정도성(degree of knowledge)의 문제를 들고 있다. 학습자들이 어휘를 처음 접할 때는 한정된 지식만을 갖고 있다가 어휘를 반복적으로 접함으로 인해 발음, 철자, 문법, 의미, 사용범위 등을 파악하게 되어 스스로 어휘를 사용할 수 있다고 보면서 이해 지식과 표현 능력은 친밀성 정도 차이로 이해될 수는 있지만 이해 지식이 표현지식으로 변하게 되는가의 여부는 명확하지 않다고 하였다. 또한 정도성의 문제는 명확한 지점을 나눌 수 있는 문제가 아니기 때문에 어휘 지식을 명백하게 나누는 것은 쉽지 않은 문제이다. 그럼에도 불구하고 의미의 수용적인 어휘(receptive vocabulary)가 생산적인 어휘(productive vocabulary)보다 훨씬 크고, 수용이 생산에 우선한다는 견해는 일반적으로 받아들여진다. 이런 견해가 가능한 이유는 어휘 지식을 두 종류로 나누고 측정하려는 연구들이 있어 왔기 때문이다. 두 종류의 어휘 지식을 측정한 연구들에 의하면 제2 언어에 있어서 이해 어휘의 수가 표현 어휘의 수보다 배가 많거나 그보다 더 크다고 말하고 있는 연구가 있다(Clark, 1993). 그러나 다른 연구에 의하면 제2 언어 학습 초기에는 이해 어휘가 빨리 발달하고 시간이 지남에 따라 표현 어휘의 발달이 상대적으로 빨라진다고 본 연구도 있고, 이와 반대로 표현 어휘와 이해 어휘의 격차가 그렇게 크지 않다고 하는 연구들도 있다. Melka(1997)에서는 ①이해 어휘의 수가 표현 어휘의 수보다 배 이상 많다는 연구, ②이해 어휘와 표현 어휘의 격차가 학습이 진행됨에 따라 감소한다는 연구, ③이해 어휘와 표현 어휘의 격차가 없다는 연구가 존재한다고 하였다.[9]

5.1.3 어휘 유형, 어휘수, 어휘 선정

5.1.3.1 어휘 유형

> 우리 일상생활에서 사용하는 어휘는 어떤 어휘들일까? 모든 영역과 분야에서 사용하는 어휘가 같을까?

김광해(1988)는 어휘를 일상 언어생활 속에서 사용하는 어휘의 빈도와 난이도에 따라 1차 어휘(고빈도어, 기초어휘), 2차

---

9 원미진(2013)에서 인용함.

어휘로 분류한다. 1차 어휘는 다음과 같은 특징을 지닌다. ①언어 발달 과정의 초기부터 음운 부문이나 통사 부문의 발달과 병행하여 형성된다. ②언어 사용자 전체의 공동 자산으로서 기본적인 의사소통을 위한 도구로 사용된다. ③어휘 의미의 영역이 광범위하여 전문적인 의미 내용보다는 보편적이고 일반적인 의미 내용을 지닌다. ④학습 수준이나 지식 수준의 고저와는 관계없이 대부분의 언어 사용자에게 공통적으로 습득된다. ⑤체계적인 교육 활동이나 전문적 훈련과 관계없이 일상생활을 통하여 자연스럽게 습득된다. 2차 어휘는 언어 사용자에게 공유되는 것이라기보다는 나눠진 전문 분야에 따라 어휘의 분포가 한정되는 것으로 그 특징은 다음과 같다. ①기초적인 언어 발달이 완료된 후 고등 정신 기능의 발달과 더불어 습득된다. ②전문가 분야의 작업이나 이론의 전개를 위한 술어로서의 기능을 담당한다. ③2차 어휘들의 의미 영역이 협소하며 용법상의 제약이 존재하며, 전문적이고 특수한 용법으로 사용되는 것이 일반적이다. ④학습의 성취도나 지식의 정도와 비례하여 습득된다. 의도적이며 인위적인 교육과 특수한 훈련의 과정을 거쳐서 비로소 습득된다. ⑤2차 어휘는 듣기, 말하기, 읽기, 쓰기 등 언어 사용 능력의 수준을 결정하기 때문에 중요하며, 고등 사고 기능과 밀접한 연관을 가지고 있으며 어휘의 질적인 측면에서 훨씬 섬세하게 의미 차이를 분별하게 한다.

신명선(2004)은 2차 어휘를 다시 사고 도구어와 전문어로 설명한다. 사고 도구어는 특정 학문 분야에서만 나타나는 것이 아니라 여러 학문 분야에 걸쳐 폭넓게 나타나는 것으로 일상적 의사소통 상황보다 학술 텍스트에 자주 등장한다. 예를 들어, '유입되다', '도입되다'와 같은 어휘는 학술 텍스트에서 자주 사용되지만 의사소통 상황에서는 모두 '들어오다'가 더 자주 사용된다. 전문어는 특정한 학문 분야에만 나타나는 어휘로 해당 학문 분야의 전문가가 되기 위해 알아야 하는 어휘들이다. Nation(1990, 2001)에 의하면 학술 텍스트에 등장하는 어휘를 '고빈도어, 학술 기본어휘, 학술 전문어휘, 저빈도어의 네 가지 유형으로 나누었다. '고빈도어'는 기초어휘에 해당하고, '학술 기본어휘'는 학술 텍스트에서 아주 넓은 분포로 자주 나타나는 어휘이다. '학술 전문어휘'는 특정 학문 분야 외에서는 사용되지 않거나, 고빈도 어휘지만 특수한 개념으로 사용되는 어휘를 일컫는다. '저빈도어'는 고빈도어, 학술 기본어휘, 학술 전문어휘가 아닌 어휘로서 낮은 빈도로 나타나는 어휘이다. 하지만 이 분류는 일관된 분류 기준을 설정할 수 없다. '고빈도어'와 '저빈도어'는 빈도에 의한 분류이고, '학술 기본어휘'와 '학술 전문어휘'는 속성에 따른 분류이다. 그래서 신명선(2006)은 Nation의 이러한 분류를 보완하여 '기초 어휘(=고빈도어), 전문어와 사고 도구어'로 나누었다. 이렇게 하면 '고빈도어'는 곧 '기초 어휘'로서 어휘의 '속성' 정보를 포함하게 되기 때문이다. 더불어 저빈도어는 '전문어와 사고 도구어' 중 그 빈도가 낮은 단어를 가리키는 것이 된다.

5.1.3.2 어휘수

> 얼마만큼의 어휘를 알아야 일상생활에 지장이 없을까? 텍스트를 잘 이해하려면 얼마의 어휘를 알아야 할까?

어휘 교육은 언어 교육의 본질적인 부분의 하나이며, 어휘 능력이 그 학습자의 언어능력을 좌우하는 핵심임을 부인할 수 없다. 이런 어휘 능력과 관련되어 있는 두 가지의 기본적인 문제는 어느 정도의 어휘를 알아야 하는가 하는 어휘량 혹은 어휘수(vocabulary size)의 문제이다. Nation(1990, 2001)에서는 기초 어휘에 속하는 2,000개의 단어를 알고 있으면 텍스트의 약 80%를 이해할 수 있다고 하였다. 또한 기초 어휘 2,000개를 익힌 후 기초 어휘 4,000개를 더 이해한다고 해도 텍스트의 90%를 이해하기 힘들다고 하였다. 하지만 기초 어휘 2,000개를 익힌 후에 학술 기본 어휘 570 단어족을 알게 되면 텍스트의 90%를 이해할 수 있다고 한다.

글의 내용을 이해하는 데에 있어서 텍스트의 90%를 알면 충분하다고 생각할 수 있으나 텍스트의 주제가 무엇인지를 정확하게 알기 위해서는 적어도 텍스트의 95% 정도를 알아야만 한다고 한다. 따라서 학문적 텍스트의 이해를 위해서는 기초 어휘와 학술 기본 어휘의 이해만으로는 부족하다는 것을 짐작할 수 있다. 일상적인 글을 읽을 경우에 비해 학문적인 대학 교재를 읽을 경우 학습자는 더 많은 어휘 능력을 필요로 하게 된다. Hazenberg & Hulstijn(1996)은 네덜란드의 L2 화자가 대학교 1학년 시절에 학문적 읽기를 수행하기 위해서는 최소 10,000개의 어휘를 아는 것이 필요하다고 주장하고 있다. 이 정도의 어휘 지식이면 대학 수준 교재를 99%~100% 이해할 수 있게 된다.

Coady(1997)는 핵심 어휘를 자동적으로 인지할 필요성을 강조하면서, 고급 수준의 학문 텍스트를 이해하기 위해서는 훌륭한 읽기 능력뿐만 아니라 최소 5,000개의 L2 어휘 지식이 필요하다고 제안하였다. 그리고 Nation & Hwang(1995)은 출현 빈도가 높은 2,000 개의 어휘를 알고 있으면 일반적인 교재의 약 84%를 이해할 수 있다고 하였다. Hazenburg & Hulstijn (1996), Schmitt (2000) 에서는 제 2 언어 학습에 있어 최소한 10,000 개의 단어를 알고 있으면 텍스트를 이해할 수 있지만 유창하게 독해하지는 못한다고 하였는데, 사실 제 2 언어 학습자가 10,000 개 이상의 단어를 아는 것은 쉽지 않은 일이다.

읽기 이해를 위한 어휘 지도를 고려할 때 중요한 것은 독자들이 성공적으로 읽기 위해서 텍스트에서 단어의 95%를 알고 있어야 한다는 것을 가정할 때 학습자들의 텍스트에 이를 어떻게 반영하여 이해가 가능한 범위 안에서 어휘 학습을 계획할 수 있느냐의 문제이다. 예를 들어 한 페이지에 300 개 단어 정도가 있는데 95% 정도의 단어를 안다고 하면 약 15 개 정도의 단어를 모른다는 것이며 이는 대충 한 줄에 한 개 혹은 두 개 정도의 모르는 단어가 나올 가능성이 있다는 이야기이다. 그러나 유창한 독자는 300 개 단어가 들어가는 한 페이지의 텍스트를 읽을 때 99%의 단어를 알고 3 개 정도를 몰라야 독립적으로 유창하게 읽고 이해할 수 있다.

5.1.3.3 어휘 선정

> 우리가 제2 언어의 모든 어휘를 다 배울 수 있을까? 우리가 배우는 어휘는 어떤 어휘들일까? 그 어휘들은 어떻게 선정될까?

어떤 언어 교육과정이든 교수할 수 있는 시간에 제약이 있으므로 언어 전체를 가르치는 것은 불가능하다. 그렇기 때문에 학습자들이 알아야 하는 어휘의 선정이 어휘 교육뿐만 아니라 언어 교육 전체에서도 중요한 논의 사항 중 하나이다. 어휘 선정에 있어서 사용되는 방법으로는 세 가지를 들 수 있는데, 객관적 방법, 주관적 방법, 그리고 절충적 방법이 있다. 객관적 방법은 말뭉치와 같은 대규모 자료에서의 빈도를 뽑고 이러한 통계 수치를 기준으로 어휘를 선정하는 것이다. 이 방법은 동일한 자료를 가지고 어휘소의 단위를 구분하는 방법과 분류 방법만 일치시키면 누가 조사하더라도 동일한 결과가 나오기 때문에 객관적 방법이라고 할 수 있지만, 그 결과가 기반이 되는 자료의 특성에 지나치게 좌우된다는 단점이 있다. 또한 같은 어휘라 하더라도 분야에 따라 출현 빈도가 다를 수 있으므로 분야별로 선정 결과가 다를 수 있다. 주관적 방법은 전문가의 직관이 요구되는 방법으로 어휘 선정에 있어서 연구자의 주관적 판단에 기초된다. 즉, 교수자의 교수 경험과 직관에 의하여 판단하는 방법이 한국어 교육과 같은 외국어 교육에서 흔히 사용되는 방법이다. 주관적 방법을 시행할 때는 선정자의 판단에 대한 객관성을 마련하는 것이 요구되는데 이는 선정자에 따른 개인차가 많아지는 것을 보완하기 위한 방법이 될 수 있을 것이다. 절충적 방법은 종합적 방법 또는 경험적 방법으로 불리며 객관적 방법과 주관적 방법을 종합한 방법이다. 이는 언어 자료에 따라 객관적으로 선정된 어휘를 두고 주관적 판단으로 수정하여 보다 타당한 어휘 선정에 이르고자 하는 것이다. 조남호(2003)는 절충적 방법에 의한 어휘 선정에 속하는 예로, 이 방법은 객관적 방법과 주관적 방법의 단점을 극복하고 서로 보완하여 외국어 교육을 위한 이상적인 방법이라고 볼 수 있다.

 Saville-Trokie(1976)는 교과서 어휘 선정은 추상적인 어휘보다는 실제로 학교, 사회, 가정 등 생활 주변에서 자주 사용되는 즉, 빈도가 높은 어휘를 우선적으로 택해야 어휘 학습의 효율을 가질 수 있다고 말했다. 또한 Halliday, McIntosh & Strevens(1971)는 어휘 선정의 기준으로 빈도, 가용성, 학습 현장에서의 실제적인 가르침의 용이성과 교실에서의 필요성을 들었다. Huebener(1959)는 단어는 가급적 일상생활과 관련 있는 실용적인 것에 치중해야 하고 개념이 분명하며 사용 빈도가 높은 것을 선택해야 한다고 말했다. 이러한 논의를 보면 어휘 선정의 조건은 공통적으로 빈도임은 분명하다. 학습자가 고빈도 어휘를 더 선호하고 더 용이하게 습득하는 것이기 때문에 어휘 선정 기준의 첫 번째 기준이 된다. 하지만 빈도에 따른 어휘 선정을 하는 데는 세심한 분석과 주의가 필요하다. Sinclair & Renouf(1988)는 빈도가 가장 높은 어휘가 반드시 학습자에게 가장 유용한 것은 아니며 높은 빈도를 가진 어휘는 교육학자의 직관이 보충되어 학습자에게 전달되어야 한다고 주장한다. 학문 목적 한국어 어휘는 범주의 특성상 말하기에서의 사용 빈도가 낮으나 대학에서의 강의 듣기, 교재 읽기, 보고서 작성하기 등의 학업을 수행하기 위해서는 반드시 알아야 하는 어휘이기 때문에 빈도만으로 어휘 선정 기준을 삼기는 부족하다.

유해준(2007)에서는 여러 학자의 견해를 종합하여 어휘 선정의 기준을 빈도, 분포도, 학습 난이도, 학습자의 필요 등의 4가지로 제시하였다. 학습자에게 유용한 어휘는 반드시 빈도가 높고 상당히 넓은 분포도를 가진 어휘지만 과학 또는 법과 같은 특정 주제의 텍스트에서 추출된 어휘의 경우는 반드시 빈도와 분포도로 구분 지어지는 범위가 크지 않다고 하였고, 어휘 학습의 난이도는 빈도가 높은 어휘가 텍스트에서 정기적으로 출현하여 학습자가 쉽게 흡수하고 배울 수 있으므로 빈도의 개념과 더불어 생각해야 할 문제라고 제시하였다. 또한 어휘 학습에서 학습자가 무엇을 필요로 하는가를 파악하는 것은 어휘 선정에 있어서 매우 중요하기 때문에 학습자의 필요를 정확히 파악하는 것이 기반이 되어야 한다고 언급하였다.

5.1.3.4 어휘 습득과 어휘 학습

> 어휘가 어떻게 두뇌 속에 저장되고 사용되는가? 어휘가 습득될 때까지 어떤 학습 과정을 겪을까? 우리는 어휘를 배울 때 의도적으로 배우게 되는 것인가 우연적으로 배우는 것인가?

어휘 지식에 대한 연구에 이어 어휘가 인간의 두뇌 속에 어떻게 저장되고 사용되는지에 대한 어휘의 습득 과정에 대한 이론도 다양한 학자들에 의해 설명되었다. 먼저, Channell(1988)은 심리학적 관점에서 어휘의 수용적 이해와 생산적 사용의 두 가지 측면으로 나누어 설명하였다. 이는 어휘의 이해 지식과 표현 능력과도 같은 것으로 볼 수 있다. 수용적 이해는 생산적 습득의 이전 단계로, 단어 길이의 소리를 분절음으로 인식하고 이에 상응하는 의미를 머릿속에서 찾아내는 과정인 것에 반해 생산적 사용은 사용자가 표현하고자 하는 의미를 만들기 위해 머릿속에서 찾은 단어들을 문법 구조 속에 투입하는 것이다. 즉, 수용적 이해는 소리에서 의미로의 과정이고 생산적 사용은 의미에서 소리로의 과정으로서 둘은 서로 상호보완적인 관계라고 볼 수 있다. 또한, Ellis(1997)는 어휘 습득을 형태와 의미로 나누어 설명하였는데 어휘의 형태 습득은 학습자가 추론하면서 형태의 연쇄 양식을 찾아 장기 기억에 저장하는 과정이라고 하였다. 이는 어휘의 노출 기회가 충분히 제공되면 자동적으로 일어나게 되는 과정이다. 반면, 의미 습득 과정은 새로운 단어 형태를 기존에 갖고 있던 개념이나 모국어의 동등어와 연결시켜 새로운 의미를 만드는 과정이고, 이 과정을 통해 새로운 의미를 부여할 대상을 문맥에서 결정하는 것이다. 이는 자동적으로 일어나는 암시적 과정이 아니라 정보 수집 후에 가설을 세우고 검증하는 의식적인 과정이라 볼 수 있다.

Hatch & Brown(1995)은 학습자가 새로운 어휘를 접하여 그 지식을 목표 언어체계에 통합할 때까지의 학습 과정을 다섯 단계로 분류하였다. 어휘 학습 과정을 새로운 단어가 거쳐 지나가야 할 일련의 체계로 간주하였다. 이 단계는 ①새로운 단어 접하기, ②단어의 형태 알기, ③단어의 의미 알기, ④단어의 형태와 의미를 기억 속에 강화하기, ⑤단어 사용하기의 과정이다. 이 다섯 가지의 단계를 거치면서 단어들은 중간에서 없어져 버리기도 하고 그 결과 소수의 단어만이 완전한 습득의 단계인 '단어 사용하기'에 이른다.[10]

모국어와 외국어의 언어 습득 차이를 설명한 학자들도 있다. Barcroft(2003)는 어휘 습득을 언어 입력 처리(input processing) 과정으로 인식하고 학습자들이 새로운 외국어 어휘를 어떻게 언어 입력으로 처리하는가에 주목하였다. 즉, 학습자들이 새로운 외국어 어휘를 성공적으로 학습하기 위해서는 새로운 어휘를 언어 입력으로 인식하고, 직접적인 학습과 우연적 학습에 상관없이 세 개의 하위 처리 과정을 거쳐야 한다고 하였다. 먼저, 새로운 어휘 형태를 기억 속에 기호화하는 단계이

---

10 노은숙(2009)에서 재인용함.

다. 다음으로, 그 어휘의 의미와 관련된 적합한 의미적 재현을 활성화하는 것이다. 마지막으로, 그 어휘의 적합한 정신적 재현과 적합한 형태를 지도화(mapping)하는 단계를 통하여 외국어 어휘를 습득하게 된다고 설명하였다. 또한, Jiang(2004)도 Barcroft(2003)와 마찬가지로 어휘 습득 모델을 제시하였는데 문맥화된 언어 입력의 부족과 이미 존재하는 모국어 체계가 외국어 어휘 학습과 모국어 어휘 습득을 다르게 한다고 주장하였다. 어린이들이 모국어를 습득할 때는 의미와 개념을 동시에 배우면서 어휘의 형태와 의미가 분리되지 않는다. 즉, 모국어에서 새로운 어휘를 볼 때 의미는 자동적으로 떠오르게 되고 어휘 형태들의 인출도 특별한 노력 없이 자동적으로 이루어지게 되는 것이다. 반면에 성인이 외국어를 습득할 때는 개념적이거나 의미적인 발달이 거의 이루어지지 않으며 이미 존재하는 모국어의 언어학적이고 개념적인 체계가 외국어 학습 과정에 능동적으로 영향을 미치게 된다고 하였다.

Ellis(1994)는 학습을 크게 명시적 학습과 암시적 학습으로 구분하였는데, 명시적 학습은 학습자가 학습이 진행되는 동안 가설을 세우고 검증하면서 이루어지는 의식적 조작을 말한다. 반면 암시적 학습은 이러한 의식의 조작 없이 자연스럽게 일어나는 과정을 통해 자동적으로 지식을 습득하는 것을 의미한다. 이러한 학습의 구분을 어휘 학습에 적용해 보면 음성학적, 음운론적 요소들은 반복적인 노출의 결과로 암시적으로 습득되지만 어휘의 의미 학습은 의식적인 과정을 통해 형태와 의미에 주의를 기울임으로써 명시적으로 이루어진다고 할 수 있다(Laufer & Hulstijn, 2001). 혹은 어휘 학습 분야에 있어서는 어휘 습득과 관련하여 명시적 어휘 학습을 의도적 어휘 학습으로, 암시적 어휘 학습을 우연적 어휘 학습이라는 용어로 사용하기도 하는데 약간의 사용 맥락에 차이는 있지만 비슷한 개념으로 사용되고 있다.

어휘 교수-학습 분야에서 명시적 어휘 학습은 학생 또는 교사에 의해 미리 설계된 방식에 따라 의도적 어휘 학습이 진행되는 것을 의미한다(Hatch & Brown, 1995). 그리하여 명시적 어휘 학습은 직접적인 어휘 학습을 통해 교사가 어휘의 의미를 소개하고, 학습자의 이해 여부를 확인하며 실제 사용해 보도록 하는 등 어휘를 체계적으로 다룸으로써 학습자의 어휘력을 증진시켜 준다. 여러 교수-학습 연구가들은 새로운 어휘를 제시할 때 명시적으로 직접 가르칠 필요가 있다고 주장하고 있다. 우선, Schmitt(2000)는 학습해야 할 어휘 항목에 직접적으로 주의를 기울임으로써 어휘 학습에 큰 기회를 제공할 수 있다고 하였고, Ellis(1997)는 어휘 학습의 중심이 되는 언어 형태와 의미적 표상은 의식적이고 명시적인 학습 과정에 의존하는 것이지 단순한 노출에 의한 것이 아니라고 하였다. Altman(1997)은 언어의 모든 면에 관심을 집중시킴으로써 어휘 학습은 성공적으로 이루어질 수 있고, 이렇게 어휘 항목이 의식적인 관심을 받게 되면 다음에 재인식될 가능성이 더 높아진다고 하였다. Paribakht & Wesche(1997), Zimmerman(1994)은 각각 읽기를 통한 어휘 학습 정도를 살펴본 실험연구에서 읽기를 통한 어휘 학습이 어휘 지도와 함께 병행할 때 읽기만을 통한 우연적 어휘 학습보다 효과적임을 보여주었다. 그러나 아무리 훌륭하게 계획된 어휘 교수 방법이라 할지라도 학습자들이 배우는 모든 단어들의 의미를 설명할 수 없고 읽기 자료에서 마주치는 어휘들을 모두 다룰 수는 없다는 데 명시적 어휘 학습의 한계점이 존재한다(Nagy & Anderson, 1984).

명시적 어휘 학습에 대조되는 암시적 어휘 학습은 1980년대 말 새로운 관심을 받게 된 어휘 습득 연구의 한 분야이다(MacWhinney, 1997). 암시적 어휘 학습에 관해 학자마다 다양하게 정의를 내리고 있는데, Parkbakht & Wesche(1999)는 학습자들이 새로운 어휘의 학습에 초점을 두는 것이 아니라 의미 이해에 초점을 맞춘 상황에서 부수적으로 일어나는 학습의 형태라고 하였다. 그리고 Huckin & Coady(1999)는 어휘 학습은 읽기와 같은 주요 인지적 활동의 목표가 아니라 그에 따른 부산물이라고 하였으며, Gass(1999)는 학습자가 단어가 아닌 글의 의미에 주의를 기울인 상태에서 새로운 단어의 의미를 자연스럽게 학습하게 되는 것이라고 정의를 내렸다. 이러한 암시적 어휘 학습에 대한 다양한 정의의 공통점은 어휘를 학습하는 데 있어서 명시적이고 직접적인 어휘 교수가 반드시 필요한 것은 아니라는 것이다 (원명옥, 2003).

암시적 학습에서 새로운 어휘는 주로 광범위한 듣기나 읽기를 통해 맥락에서 어휘의 의미를 추측함으로써 습득된다. 이러한 의미 추론을 통한 어휘 학습은 맥락 속에서 학습자가 단어의 사용과 의미를 인지하게 해 줄 수 있다(Huckin & Coady, 1999). 암시적 어휘 학습이 학습자들의 어휘 학습에 주는 긍정적인 영향을 살펴보면, 첫째 암시적 학습은 타인에 의해 언어 학습이 이루어지는 것이 아니라 학습자 스스로 새로운 어휘를 학습할 수 있는 능력을 갖게 해 준다(Jenkins, Matlock & Slocum, 1989). 둘째, 암시적 어휘 학습은 읽기라든지 발화와 같은 문맥을 통해 이루어지기 때문에 어휘 사용과 의미라는 면에서 학습자에게 풍부하고 다양한 감각을 줄 수 있다. 셋째, 암시적 어휘 학습은 듣기나 읽기를 통해 의미를 추측하기 때문에 어휘 학습과 읽기 혹은 듣기가 함께 일어나고 이는 단순히 어휘를 명시적으로 가르칠 때보다 교육적으로 훨씬 효과적이다. 이 외에도 학습자 스스로가 관심 있는 분야의 읽기나 듣기 자료를 직접 선택하는 것이기 때문에 학습자 중심의 개별 학습이라고 할 수 있다(Huckin & Coady, 1999). 그러나 이러한 장점에도 불구하고 암시적 어휘 학습이 항상 효과적인 어휘 학습 방법이라고 말할 수는 없다(Jenkins, Stein & Wysocki, 1984). 만약 학습자가 어휘의 형태와 의미 관계를 알아차리지 못한다면 어휘 학습은 일어나지 않을 것이고, 많은 경우 읽기나 듣기 자료의 문맥적 정보가 불확실해서 학습자가 그 의미를 정확하게 유추하기 어렵기 때문이다. 그 밖에도 암시적 어휘 학습의 부정적인 측면을 몇 가지 더 짚어보면, 우선 많은 학습자들이 모르는 어휘를 만나게 되면 주의를 기울이기보다는 대개의 경우 무시하고 넘어가는 일이 빈번하다는 것이다. 그리고 외국어 능력이 낮은 학습자들이거나 혹은 문맥적 정보가 불확실한 경우에는 어휘 의미를 잘못 추론할 수도 있다(Paribakht & Wesche, 1999). 또한 학습자가 올바른 추론을 했다 할지라도 그것이 어휘 습득으로 바로 이어지는 것은 아니므로, 이렇게 해서 습득한 새로운 어휘의 양은 지극히 적다는 것이다(Huckin & Coady, 1999).

　어휘 학습 방법에 있어서 명시적 어휘 학습과 암시적 어휘 학습은 서로 상충되는 개념이 아니라 각각의 목적과 상황 그리고 학습자의 어휘 학습 단계에 맞게 상호보완되어야 한다. 일례로 어휘의 특성에 따라서 이 두 가지 어휘 학습 방법을 적절하게 사용해야 한다는 주장이 있는데, Nation & Newton(1997)은 출현 빈도가 높은 어휘의 경우에는 어휘 학습 초기 단계에서 직접적이고 명시적인 어휘 학습 방법을 통해 가르치고, 출현 빈도가 낮은 어휘의 경우에는 비명시적인 어휘 학습 방법을 사용할 필요가 있다고 하였다. 그리고 Coady(1993) 역시 기본적이고 반드시 알아야 하는 중심 어휘 항목은 직접 가르치는 반면, 출현 빈도가 낮은 어휘는 문맥을 통해 자연스럽게 배울 수 있지만 이러한 경우에도 문맥 속에서 어휘 의미를 추론하는 테크닉은 직접적으로 학습되어야 한다고 주장하며 중간적인 입장을 취하고 있다.

5.2 어휘 지식과 읽기 능력의 관계

> 어휘를 많이 알면 알수록 과연 글을 더 잘 이해할 수 있을까? 글을 읽으면서 모르는 어휘를 스스로 학습할 수 있을까?

어휘 지식과 읽기 능력 사이의 밀접한 상호관계는 지금까지의 많은 연구에 잘 나타나 있다(Nagy, Herman & Anderson, 1985; Nation & Coady, 1988; Stoller & Grabe, 1993). 즉, 많은 어휘력을 지닌 학습자는 그렇지 못한 학습자들보다 효과적으로 글을 이해할 수 있을 것이다. 마찬가지로 읽기 능력이 뛰어난 학습자는 그렇지 못한 학습자들보다 텍스트 내 새로운 어휘들을 보다 잘 추측할 수 있다.

제2 언어 능력 평가에 대한 연구들에 의하면 어휘와 읽기 능력 사이에 강력한 상관관계가 있다고 한다. Pike(1979)에서는

TOEFL(Test of English as a Foreign Language)시험에서의 어휘와 읽기 능력의 상관관계는 $r=0.88$에서 $r=0.99$까지라고 밝혔다. Laufer(1997)에서도 어휘 지식과 읽기 능력의 강력한 상관관계에 대한 예들을 몇 개 들었는데 그 변수는 $r=0.50$에서 $r=0.70$까지라고 하였다. Qian(2002)은 어휘 측정 3가지 방법과 TOEFL 시험 읽기의 상관관계는 $r=0.68$에서 $r=0.82$까지라고 밝혔다.[11]

읽기 이론에서는 독자의 어휘력과 읽기 능력 사이의 밀접한 관계를 설명하기 위해 다음의 3가지 가설을 제시한다.

첫째, 어휘력이 읽기에 직접적인 영향을 준다는 도구 가설이다. 어휘력이 기반이 되어 읽기를 가능하게 한다는 가설이다. 어휘의 직접적인 지도와 연습을 강조하고 개별 어휘의 의미를 중시하며 양적 측면을 강조한다.

둘째, 개인의 일반 적성이나 지능이 어휘 및 읽기 능력의 증진을 가져온다는 언어 적성 가설이다. 어휘력이 높을수록 텍스트를 더 잘 이해하는 데 직접적인 관련은 없으나, 같은 문화적 배경을 가진 사람이라면 어휘력이 높은 사람은 어휘력이 낮은 사람보다 텍스트를 쉽게 이해한다는 가설이다.

셋째, 특정 영역의 지식이나 세상사에 대한 지식은 어휘뿐만 아니라 글의 이해를 증진시킨다는 지식 가설이 있다. 개별 어휘 지도보다는 어휘와 개인의 경험 상황과 관련된 연상적 의미, 스키마를 강조한다.

---

11 r은 상관계수를 뜻하며 상관계수는 $-1\sim1$ 사이로 표시한다. 상관계수가 1인 경우가 가장 정비례의 상관관계이며 보통 0.7 이상이면 높은 상관관계를 보인다고 해석할 수 있다.

5.2.1 어휘가 읽기 능력에 미치는 영향

읽기에 영향을 미치는 많은 요인 중에서 어휘력은 가장 중요한 요인 중의 하나이다. 읽기 전략에 관한 다양한 연구들로 인해 읽기를 독자의 인지적인 과정이 개입된 능동적인 활동으로 여기면서 읽기에서의 배경지식 활용이 강조되고 있다. 그러나 독자의 배경지식을 활성화하기 위해서는 먼저 언어 지식이 필요하다. 언어 지식은 어휘 지식과 문법 지식으로 나누어 볼 수 있는데 많은 학습자들이 읽기가 어려운 이유를 어휘 지식의 부족 때문으로 들고 있다. 즉, 배경지식이 풍부할지라도 어휘의 의미를 모르고서는 내용 파악이 전혀 불가능하기 때문이다. Davis(1989)는 낮은 빈도의 어휘를 다량으로 포함하고 있는 읽기 텍스트는 각각의 어휘의 의미를 파악하는데 너무 많은 주의를 기울여야 하므로 독자들이 배경지식을 제대로 활용할 수 없다고 설명하였다. Davis는 9개의 읽기 능력 검사 요인을 분석하였는데 어휘력이 가장 많은 설명력을 가지고 있는 요인으로 분석되었다. Thurstone은 Davis의 연구 자료를 재분석하여 읽기에 영향을 미치는 3가지 주요 요인이 어휘 지식, 결론을 도출하는 능력, 주제를 파악하는 능력임을 밝혔다 (박영목, 2005).

Schoonen, Hulstijn & Bossers(1998)는 읽기 능력과 어휘력 간에는 밀접한 관계가 있으므로 독자가 텍스트의 내용을 정확하게 파악하기 위해서는 상당수의 어휘를 알아야만 한다고 하였다. Nation(1990)도 읽기에서 어휘력의 중요성에 대하여 설명하였는데, 이는 어휘 지식의 부족이 읽기 이해에서 큰 장애 요인이 되며 능숙한 독자가 되기 위해서는 기본 조건인 어휘 지식이 충족되어야만 한다고 하였다. 즉, 읽기 이해의 성공은 읽기 전략이나 그 밖의 다른 요인들보다도 어휘 지식과 밀접하게 연관되어 있다고 하였다.

읽기 이해에 뛰어난 수행을 보이는 학습자라고 해서 모두 풍부한 어휘력을 가졌다고 볼 수는 없으나 어휘와 읽기의 관련성에 관한 많은 연구에 의하면 풍부한 어휘력을 가진 학생일수록 읽기 이해에서 높은 수준의 성취를 보인다. 이에 반해 어휘력이 부족한 학생들은 전반적으로 읽가에서 문제에 직면하게 될 가능성이 높다. 그러므로 어휘력의 향상은 읽기 이해와 밀접한 관련을 가지고 있고, 어휘력의 향상은 읽기 이해에 도움을 준다고 할 수 있다.

5.2.2 읽기가 어휘 지식에 미치는 영향

어휘가 읽기에서 중요한 요소인 것과 마찬가지로 읽기가 또한 어휘 학습에도 큰 영향을 미친다. Grabe & Stoller(1997)는 제2 언어에서 읽기 학습이 어휘 학습과 상호적으로 강력하게 연관이 있다고 하였다. 즉, 학습자는 읽기를 통하여 어휘 지식을 향상시키고 향상된 어휘 지식은 읽기 능력을 향상시키게 된다는 것이다. 그리고 향상된 능력으로 읽기를 하는 동안 학습자는 또 새로운 어휘 지식을 향상하게 되면서 두 가지 능력이 서로 상호보완적인 역할을 하고 있음을 주장하였다. Paribakht & Wesche(1997)도 어휘 학습과 읽기의 상호과정에 대하여 설명하였다. 학습자가 읽기 지문을 읽고 이해를 한다는 것은 학습자와 읽기 지문 사이에 복잡한 상호작용이 일어나는 것을 의미하며 읽기의 이해 수준은 익숙하지 않은 어휘에 관한 이해 수준과 연관이 되는 것이다. 이때 어휘 학습은 더 깊은 인지과정을 거칠

수록 더욱 효과적이라고 하였다. 읽기를 통해서 어휘 지식을 쌓는 것에 대해서 Perfetti(1992, 1999, 2007; Perfetti & Hart, 2001)에서도 논의하였다. 그 연구들에서는 단어를 철저하게 파악하는 능력이 읽기 능력 수준의 가장 좋은 지표 중 하나가 될 수 있다고 주장하였다.

이와 같이 읽기와 어휘는 상호보완적인 관계로 이루어져 있다. 어휘는 읽기에서 기본적인 요소이며 읽기는 어휘 학습의 밑바탕이 된다. 그러므로 읽기 전 활동을 통하여 어휘를 충분히 습득하는 것은 읽기 능력 향상에 긍정적인 영향을 미친다고 볼 수 있다.

읽기 능력은 어휘력의 영향을 많이 받으므로 어떻게 어휘를 지도할 것인가는 중요한 부분이다. 글을 읽기 전에 어휘를 먼저 학습할 것인지, 글을 읽어 가면서 학습자가 스스로 어휘를 추측해 가도록 할 것인지, 글을 읽은 다음에 교사와 학습자가 함께 어휘를 학습해 갈 것인지는 글을 읽는 목적과 전략에 따라 다양하다.

상향식 처리 과정으로 글을 읽어야 하는 초급 학습자의 경우는 읽기 전에 관련 어휘와 표현을 학습해야 한다. 그러나 과다한 어휘 설명은 읽기 전 단계의 활동을 비대하게 구성하거나, 읽는 목적과 전략을 모호하게 할 수 있다. 또한 어휘에 집착하는 학습자를 만들어 버리거나 상향식 모형에 치우친 읽기 습관을 유도하기도 하므로 주의해야 한다. 읽기 전 단계에서의 어휘 지도는 글을 이해하는 데 필수적인 어휘에 국한된다. 어휘나 표현의 학습이 매우 제한적인 초급의 학습자를 제외하고는 읽기 전 단계에서의 어휘 지노가 읽기 능력 향상에 도움이 되지 않으며, 상향적인 읽기를 유도하게 되므로 중·고급 단계에서는 주의해야 한다.

읽기 단계에서는 교사가 일일이 학습자를 간섭하지 않도록 주의해야 하므로 읽는 도중에 모르는 어휘를 설명하거나 사전을 찾는 방식은 피하도록 한다. 학습자가 문맥에 의존하여 모르는 어휘를 추측하고, 과제를 해결하도록 유도한다.

읽은 후 단계에서는 다시 읽기 단계에서 각각의 어휘에 대해 다양한 문맥을 제공하여 이해시키고, 어휘를 적절하게 사용하는 연습을 한다. 종종 어휘 지도가 어휘 설명에 그치고 이해 정도를 측정하거나 사용까지 유도하지 못하는 문제가 생긴다. 그러므로 필수적인 어휘에 대해서는 '의미 전달', '의미 확인', '어휘 사용'의 단계를 거치도록 한다.[12]

5.3 어휘와 읽기에 관한 연구

한국어 교육에서 어휘와 읽기에 관한 선행 연구를 살펴보면 어휘와 읽기 능력의 관계에 관한 연구와 읽기를 통한 어휘 학습에

---

12 어휘 지도의 단계는 다음과 같은 세 단계를 거친다.
(1)의미 전달 단계: 시각적인 자료(그림이나 사진), 단어 간의 관계를 통한 제시(비슷한 말, 반대말 등), 정의하기, 설명하기, 적절한 문장 제시하기, 조어법 설명하기 등의 다양한 방법을 사용한다. 읽기를 통한 어휘 지도에서는 가능하면 문맥에서의 어휘 이해를 유도하며, 고립된 방법으로 제시하지 않도록 한다.
(2)의미 확인 단계: 교사는 종종 '의미를 이해했어요?'라고 묻고 넘어가는 경우가 많으나 학습자의 이해 정도를 확인하기 위해서는 간단한 질문에 답하기, 빈칸 채우기 문제, 과제 있는 어휘를 유형별로 분류하기 등의 다양한 방법을 통하는 것이 바람직하다.
(3)어휘 사용 단계: 해당 어휘가 이해를 위한 어휘인지, 표현까지를 유도해야 하는 어휘인지에 따라 의미 확인 단계에서 끝나거나 어휘 사용 단계까지 나아갈 수 있다. 어휘를 사용하기 위해서는 다른 언어 요소와 결합하여 유의미한 상황에서 사용할 수 있는 활동을 구상해야 한다. 즉, 문제 해결하기 활동, 어휘를 적절하게 사용하여 이야기나 대화 구성하기, 토론이나 역할극 수행하기 등의 해당된다.

관한 연구들이 대부분을 차지하였다.

5.3.1 어휘와 읽기 능력의 관계

어휘와 읽기 능력의 관계에 관한 연구는 주로 어휘 지식과 읽기 능력은 상관관계가 있고 어휘 능력이 읽기 능력에 영향을 미친다는 것을 입증한 것이었다. 구체적인 연구는 다음과 같다.

최영환(1993)은 교수-학습 모형에서 어휘 지도는 읽기 과정 전체를 이끄는 것으로서 매우 중요한 역할을 하고 읽기 전 활동으로서의 사전 어휘 지도는 읽기 이해에 질적인 영향을 미치고 새로운 지식의 흡수, 통합에 기여하며 읽기에서 단어에 대한 인지도를 높여준다고 하였다.

한민희(1998)는 어휘력의 상관 요인을 알아보았는데 그 중에 어휘력과 읽기는 서로 0.5707의 상관관계를 나타내며 어휘력 우수, 보통, 부진의 세 집단 간의 읽기 점수 차이는 모두 통계적으로 유의하다고 하였다.

김경미(2001)는 읽기 활동에 있어서 주어진 텍스트와 관련하여 어휘력을 갖춘 경우와 어휘력을 갖추지 못한 경우에 읽기 능력이 어떻게 달라지는지를 확인한 결과, 어휘력이 텍스트 이해 및 회상에 미치는 영향이 크다는 것을 밝혔다.

황미향(2005)은 읽기와 어휘 지도에 짝지어 읽기 능력을 기르려면 어떠한 방법으로 어휘를 지도를 해야 하는지에 대하여 논의하였다. 먼저 읽기 과정에서 어휘력이 어떻게 영향을 미치는지를 밝히고 아울러 읽기 능력을 기르기 위해 어휘를 지도할 때 염두에 두어야 할 점을 밝혔으며 이런 논의 결과를 참조하여 구체적인 어휘 지도의 방법을 구안하여 제시하였다.

김지영(2009)은 어휘 지도가 독해에 효과가 있는지 밝히기 위해서 두 학급을 대상으로 통제 집단과 실험 집단으로 나눠서 실험을 하였으며 그 결과로 어휘 지도는 독해에 효과가 있다고 하였다.

이형주(2009)는 국어 교과서를 분석하여 한자어를 선정하고 지도를 통해서 읽기 능력 신장에 미치는 효과를 검증하였다. 결과는 표준 발음법을 준수하여 읽기에 긍정적 효과가 있고 낱말의 의미를 이해하며 읽기에 효과가 있다고 하였다.

노미경(2011)은 중급 한국어 학습자를 대상으로 어휘 학습 집단과 텍스트 구조 학습 집단이 설명적 텍스트 이해에 미치는 영향을 살펴보았다. 결과는 어휘 학습 집단은 텍스트 구조 학습 집단보다 텍스트 이해에 효과가 더 크다고 하였다.

왕비(2012)는 한국어를 배우는 중국인 학습자의 한자어 어휘 능력이 텍스트의 이해에 어떠한 영향을 미치는지 살펴보았다. 결과는 한자어 능력이 읽기 능력에 적극적 영향을 미치고 읽기 텍스트 상의 동형동의어가 텍스트 이해에 큰 도움이 될 수 있다고 하였다.

정미란(2013)은 초등학교 3~6학년 읽기의 이해가 부진한 학생의 읽기 이해력 예측 변인을 탐색한 결과 사물 이름 대기와 단어 유추가 중요한 변인으로 나타났다. 읽기의 이해가 부진한 학생의 읽기 이해력 향상을 위해서는 기본적으로 어휘의 양적인 측면의 발달을 촉진함과 더불어 어휘 지식의 측면에 대한 중재가 함께 이루어져야 할 것을 제시하였다.

차은영(2014)은 중국인 학습자들의 어휘·문법 능력이 읽기의 세부적인 이해 능력인 사실적 이해 능력 및 추론적 이해 능력과 어떠한 상관성을 가지고 있는지 알아보았다. 결과, 어휘·문법과 읽기는 밀접한 관련성이 있고 어휘 및 문법 능력은 읽기 능력 향상에 각각 중요한 예측변수로 입증되었다.

김선정 외(2017)는 문화권별(한자문화권, 비한자문화권), 수준별(초급, 중급)에 따른 읽기 능력과 어휘·문법 능력의 관계에 관해 분석하였다. 결과는 어휘 및 문법 능력과 읽기 능력의 연관성은 초급 비한자문화권 학습자들에게서 가장 높게 나타났으며(r=0.78), 그 다음은 초급 한자문화권 학습자들(r=0.77), 중급 한자문화권 학습자들(r=0.69), 중급 비한자문화권 학습자들(r=0.65) 순서로 나타났다. 이러한 결과는 어휘 및 문법 능력이 읽기 능력과 밀접한 관계가 있음을 시사해 주고 있다.

지문건(2019)은 초기 한국어 학습자들을 대상으로 한국어 읽기 능력과 한국어 읽기 능력 향상에 영향을 줄 수 있는 언어적 능력의 인과관계를 알아보기 위하여 베트남어를 모국어로 하며 한국어능력시험 기준 초급 학습자 82명을 대상으로 한국어 수동적·능동적 어휘 능력, 한국어 문법 능력, 한국어 듣기 능력, 한국어 읽기 능력을 측정하였다. 분석 결과, 읽기 능력은 수동적·능동적 어휘 능력, 문법 능력, 듣기 능력과 유의미한 수준의 상관관계가 있는 것으로 조사되었다. 문법 능력은 읽기 능력 신장에 직접적으로 영향을 미쳤고, 수동적·능동적 어휘 능력은 문법 능력과 듣기 능력을 경유하여 간접적으로 영향을 주었다. 이와 같은 결과는 어휘 능력이 읽기 능력 향상에 중요한 역할을 함을 입증한 어휘질적가설(Perfetti & Hart, 2001; Verhoeven & Leeuwe, 2008)과 일치하였으며, 읽기 능력 향상을 위하여 어휘 능력(수동적·능동적)과 문법 능력의 중요성 그리고 어휘 및 문법 지식 습득의 필요성을 보여주었다.

유철우(2020)는 경기도 S 대학교의 학문 목적 한국어 학습자 64명을 대상으로 어휘력을 양적 어휘력과 질적 어휘력으로 나누어서 읽기 능력과의 상관관계를 비교하였다. 연구 결과는 어휘력과 읽기 능력 사이에는 매우 높은 상관관계($r=0.901, p<0.01$)가 있었으며 어휘력이 읽기 능력의 약 84%를 설명할 수 있었다. 위와 같은 연구 결과에 따라 한국어 읽기 교육에서 양적 어휘력과 질적 어휘력 즉, 어휘의 양적 지식과 질적 지식이 모두 읽기 이해와 관련이 있으므로 한국어 학습자들이 더욱 다양한 어휘를 익히고, 또한 어휘를 심도 있게 학습할 수 있도록 체계적인 교육이 이루어져야 함을 시사한다.

5.3.2 읽기를 통한 어휘 학습

읽기를 통한 어휘 학습에 관한 연구는 문맥 유추를 통해 어휘 학습 방법을 모색하고 효과를 검증한 것이었다. 구체적인 연구는 다음과 같다.

정인숙(1995)은 문맥적 실마리를 활용해 낯선 단어의 의미를 효과적, 효율적으로 파악하는 전략 지도 시에 문맥적 실마리가 풍부한 글이 학습 자료로 제시된다면 단서를 활용한 어휘 지도의 효과는 배가할 것이라고 하였다.

김수정(1998)은 외국어로서의 한국어 어휘 교육 방법으로 문맥을 통한 어휘 교육 방안을 제시하였다. 읽기 문맥 내에 있는 단어와 관련된 정보를 찾아 학습자의 기존의 어휘 지식과 배경지식 경험을 활용하여 단어 의미를 추론하는 것이다. 이를 위해 두 가지 수업 모형을 제시하여 실제로 한국어를 배우고 있는 외국인을 대상으로 실험하여 그 가능성과 효과성을 검증하였다.

이하영(2002)은 독서 지도를 통한 어휘력 신장의 방안으로 문맥 유추를 통한 어휘 지도, 의미 지도, 그리기를 통한 어휘 지도, 상상하여 글쓰기를 통한 어휘 지도, 말하기를 통한 어휘 지도, 놀이를 통한 어휘 지도 프로그램 모형을 제시하면서 독서를 통한 창의적인 어휘력 신장 방안을 모색하였다.

성숙자(2002)는 독해력을 신장하기 위해 문맥이 과연 어휘 의미 파악에 도움이 되는가, 만약 도움이 된다면 어떤 문맥이 도움이 되는가, 어휘력을 신장하기 위해 문맥을 어떻게 활용할 것인가 하는 것을 살펴보았다.

변명란(2003)은 문맥 단서를 통한 단어 의미 추측 지도가 학생들의 어휘 해결 능력을 향상시킬 수 있다고 증명하였다. 또 학습자들의 영어 능숙도에 따른 문맥 단서에 의한 어휘 지도 결과의 차이를 보며 중위 집단에게 상당히 유의미한 차이가 있었고 하위 집단은 유의미한 향상을 보인다고 하였다.

임숙경(2004)은 글을 읽으면서 어려운 낱말에 밑줄을 긋게 한 후 그 문맥과 관련하여 앞 뒤 문장을 읽고 그 낱말의 의미를 파악하거나 어려운 낱말을 선정한 후 이 낱말을 넣어 짧은 글을 지어 보는 방법이 어휘 질적인 향상을 가져오게 한다고 하였다.

황혜숙(2004)은 문맥을 이용하여 학습자 스스로 어휘 의미를 파악할 수 있는 '어휘 학습 전략' 지도를 통해 학습자의 어휘 의미 확장 및 어휘력 신장 방안을 연구하였다.

상지영(2009)은 문맥을 통한 어휘추론 전략을 교수하는 것이 우연적 한국어 어휘 학습에 미치는 효과에 대해 여러 측면에서 분석하였다. 결과는, 어휘추론 전략의 교수가 학습자들의 어휘추론 능력에 효과가 있고 읽기 이해에도 긍정적 영향을 미친다고 하였다.

남유진(2013)은 한국어 어휘 교육에서 어휘 학습 과제의 필요성을 강조하고 이에 대해 중급 학습자를 위한 문맥 추론 어휘 학습 과제 개발을 연구하였다. 과제 개발의 기초 단계에 있어 사용자인 교사와 학습자의 요구 분석과 기존의 어휘 교재 및 통합교재의 분석을 통하여 각각의 문제점을 파악하고 보완점을 제시하였으며 이를 바탕으로 문맥 추론을 활용한 어휘 학습 과제를 만들고 그 과제에 대한 검증을 실시하였다.

5.4 연구 사례

한국어 교육에서 이와 관련된 대표적인 연구로 원미진(2014)에서 한국어 학습자의 어휘·문법 능력과 읽기 능력 발달의 상관관계를 알아보았다.

5.4.1 연구의 필요성

기존의 L2 선행 연구에서는 어휘나 문법 능력과 L2 학습자의 읽기 능력의 상관관계가 크다는 점은 밝혔으나 어휘 능력의 발달이나 문법 능력의 발달함에 따라 어떻게 달라지는가에 초점을 맞추지는 못했다.

5.4.2 연구 목적

이 연구는 최근의 L2 읽기 이론을 검토하면서 학문 목적 학습자의 읽기 능력의 성격을 규명함으로써 이론의 검증과 이를 실제적으로 적용하는 데 유용한 시사점을 밝혀보려는 데에 목적이 있다. 이를 위해 이 연구는 한국의 대학이나 대학원에서 공부할 목적으로 한국어능력시험을 치른 고급 한국어 학습자의 한국어능력시험 점수를 분석하여 읽기 능력의 점수와 다른 변인들 간의 상관관계를 분석하여 읽기 능력의 특성을 파악해 보고자 한다.

5.4.3 연구 자료

이 연구에서는 한국어 학습자의 한국어능력시험(TOPIK) 점수를 학습자들의 읽기 능력 및 언어 영역별 언어 능력의 점수로 사용하였다. 특히 고급 학습자 중에 대학이나 대학원에 재학 중인 학습자들은 학문 목적으로 한국어를 학습하는 학습자들이라 판단되어 이들의 점수를 자료로 삼았다. 연구에 참여한 한국어 학습자는 모두 154명이고, 5급에 합격한 합격자 66명과 6급에 합격한 학습자 88명이다.

5.4.4 연구 결과

L2 읽기의 문제를 L2의 언어적 능력 안에서의 문제로 파악하는 많은 연구들은 읽기 능력과 어휘 능력, 읽기 능력과 문법 능력의 문제에 관심을 갖고 연구하였다. 이 연구에서는 이러한 선행 연구의 이론을 바탕으로 하여 학습자의 읽기 능력과 상관이 있는 언어 능력을 분석하여 본 결과, 학문 목적 고급 학습자 집단 안에서 5급 학습자나 어휘·문법 능력의 점수가 상대적으로 평균값 이하인 학습자 집단에서는 읽기 능력과 상관관계가 가장 큰 언어 능력이 바로 어휘·문법 능력이었음을 제시하였다. 그러나 어휘·문법 능력이 평균값 이상인 학습자 집단 또는 6급 학습자 집단에서는 이러한 L2의 언어 능력이 읽기 능력과 상관관계를 보여주지 못하는

것으로 분석되었다. 5급과 6급이 다른 변인에 의해 읽기 능력이 규정될 수 있다고 분석된 이 결과를 해석하기 위해서 선행 이론의 논의와 종합적으로 해석해 보면 어휘와 문법 능력이 읽기 능력을 구성하는 데 가장 영향을 주는 요소라는 점은 일정 수준 이상까지의 학습자를 대상으로 할 때는 매우 타당하지만, 결론적으로 고급 학습자의 읽기 능력은 L2 언어 능력만으로는 설명될 수 없는 L1의 읽기 능력이나 다른 언어 능력 및 변인에 의해 영향을 받고 있다고 할 수 있다.

이 연구 결과는 기존의 읽기 연구에서 제시한 가설을 한국어 학습자들에게 적용해 가설의 타당성을 검증해 보려는 시도로서 의의가 있다고 하겠다. 한국어 학습자의 읽기 능력의 성격을 규명해 보려는 시도로서 고급 학습자 중에서도 어휘·문법 능력이 낮은 학습자들은 읽기 능력의 향상을 위해 어휘·문법 능력을 향상시키는 것이 좋은 방법이 될 수 있지만, 이미 언어 문지방을 넘어서 L2 발달이 이루어진 학습자들에게는 어휘·문법 능력의 지도를 넘어선 교수 방법이 필요하다는 점을 밝힌 점에 있어서 의미 있는 결과를 제시했다고 하겠다.

제 6 장
읽기 활동

中文导读

第六章　阅读活动

  本章着重梳理了阅读的认知理解过程、阅读理解类型和阅读活动类型。关于阅读理解的分类，各家观点不同，大致可分为 4 种类型：表层理解（literal comprehension）、深层理解（inferential comprehension）、评价性理解（critical comprehension）、创新性理解（creative comprehension）。阅读活动类型主要分为阅读前活动、阅读中活动和阅读后活动。在阅读的不同阶段设计不同类型的阅读理解活动，才能激发学习者的阅读兴趣，继而有效地帮助学生提高阅读技能和阅读能力。为了检验教材中的阅读活动是否能够有效地培养韩国语学习者的阅读能力，本章实践部分的研究分析了韩国主要大学语言教育机构出版的五套韩国语系列教材中的阅读活动的理解类型和活动类型，根据分析的结果，对如何设置有效的阅读活动提出了建议，并对今后韩国语教材的编写提出了具有建设性的意见。

6.1 阅读活动的定义和特征

6.1.1 阅读活动的定义

在定义阅读活动之前，首先要区分活动（activity）和任务（task）的定义。Richard、Platt 和 Weber（1985）将任务定义为"作为处理或理解语言的结果而执行的活动或动作"。Crookes（1986）将任务定义为"工作或活动的一部分"。Nunan（1989）将交际任务定义为学习者以目标语言进行理解、使用、产出和交流的课堂活动。Breen（1989）将所有的语言活动定义为任务，认为任务和活动是相同的概念。Widdowson（1998）建议任务侧重于"语用意义"（即在上下文中使用语言）。Ellis（2003）认为任务是一项专注于语义并引导语言使用的活动。

综上所述，大部分学者认为任务是活动的一部分，或者任务和活动的定义相类似。事实上，根据课堂上使用的教材和教师的教学步骤，活动包括课堂中的所有步骤，而任务通常被用作解决特定问题的一种活动。本章并不着重于区分两者细致的差异，在本章中，"活动"被定义为在阅读阶段进行的不区分活动和任务的课堂活动。换言之，阅读活动是指在课堂阅读课中，为帮助学习者理解课文并最终提高阅读能力而进行的所有阅读活动，如阅读前活动、阅读中活动和阅读后活动。

6.1.2 阅读阶段活动的特征

阅读课一般包括三个阶段：阅读前阶段、阅读中阶段和阅读后阶段。阅读前阶段是在学生开始阅读之前介绍本课主题，引起学生对该主题的兴趣，并引导学习者有目的地阅读。在阅读中阶段，主要基于图式信息，确认和检验在阅读前阶段所建立的假设。阅读后阶段是对已读内容进行组织和强化的阶段。在这个阶段，通过阅读活动以新的方法重新阅读文本或通过相关材料扩展词汇、短语和中

心内容。将已阅读的内容与口语、听力和写作活动联系起来，可以强化教学效果。

6.2 阅读活动的类型

6.2.1 阅读活动的一般分类

Davies（1995）将阅读任务分为被动任务和主动任务。被动任务包括选择题、阅读理解题（comprehension question）、填空练习（gap completion exercises）、正误题、词汇学习、略读和对文本重新编号（renumbering of sections of text on page）等活动。主动任务包括标记目标文本、完形填空（modified cloze）、完成图表、完成表格、给文本和/或图表命名（labeling of text and/or diagram）、将段落重新排序、预测、做读书笔记、概括、回忆、记笔记等。这些阅读活动包括个人活动、两人小组活动和多人小组活动。

在韩国语教育中，Kim Jeongsuk（2006）将阅读活动分为以交流为目的的阅读活动和以学习为目的的阅读活动。以交流为目的的阅读活动是为理解意义和信息而阅读，主要包括掌握中心思想、一般信息、特定信息和详细信息等活动。以学习为目的的阅读活动是为发展学习者的阅读能力而进行的阅读活动，主要包括仔细阅读、培养交际能力的阅读、学习话语特征的阅读、学习语言的阅读、学习知识和文化的阅读。

综上所述，阅读活动的类型根据学者们的划分标准而有所不同。大多数学者将阅读类型划分为阅读前、阅读中、阅读后三个阶段，并详细介绍了相应的阅读活动。从学者们建议的活动类型来看，阅读前活动由于是在阅读准备阶段进行的活动，因此经常使用听、说、写相结合的活动类型。然而有时候，阅读中活动和阅读后活动的区分并不明确。阅读中活动是学习者利用自身的背景知识和阅读能力，带着明确的目标，运用各种阅读策略来理解文本内容的活动。这类

活动主要帮助学习者更好地了解文本的中心思想。在韩国语教材中，阅读后活动主要分为理解活动和扩展活动。大多数理解活动由阅读问题组成，包括选择题、确认是否理解和判断真伪等题型。因此，教师应选择各种理解活动和拓展活动，充分发展学习者的阅读能力。

6.2.2　阅读理解的类型

理解不是一种单一的现象，而是能力与活动的结合体现。理解的关键是能够将文本中的不同事件在头脑中相互联系起来，并清楚地表达文本所说的内容（Kendeou等，2007）。因为读者以多种方式使用他们的理解能力，所以理解也是一个非常复杂的过程。即使使用同样的阅读材料，学习者所需的阅读理解水平也会根据不同的阅读活动而异。

在英语阅读中，阅读理解的程度由浅入深可分为四个层次：表层理解、深层理解、评价性理解和创造性理解。表层理解的基本目标是了解事件顺序、把握主要内容、概括大意等。深层理解指掌握主旨和推测结果。评价性理解则需要读者表达自己的看法：读者分析文本的内容并确定内容是否有效，是否从公正和中立的角度撰写意见，以及文本的目的是否明确等。最后，如果读者能超越单纯解读文本的阅读阶段，就能实现更高层次的阅读，这便是创造性理解。

Day和Park（2005）基于Nuttall（1996）的理论，提出了六种理解类型：表层理解（literal comprehension）、文本重组（reorganization）、推论（inference）、预测（prediction）、评价（evaluation）和个人反应（personal response）。此外，他们还将五种阅读活动（是/否判断题、二选一题、正/误判断题、问答题、多项选择题）基于六种类型进行了分类。

Jeong Giljeong（2005）认为，一名成熟的读者通常使用三种理解类型：表层理解（literal comprehension）、推论理解（inferential comprehension）和评价性理解（critical comprehension）。表层理解是指无需推理就能准确理解单词或句子所传达的含义。一般来说，

这些阅读活动属于表层理解：单词理解、多义词的词义选择、对长句的理解、对主题的理解等。而推理理解则是推断文本中未出现的隐含信息，推测词汇含义、一般的推论、因果关系、对未来的预判和对未知结果的推测、对比喻的解释等阅读活动属于这一类型。评价性理解需要读者对文本或作者进行判断，例如，掌握作者意图、已有的信息是否和主题相关、判断内容的真伪、判断信息的准确性、判断错误的假说等。

Park HyoHoon（2011）认为，在阅读韩国语学术文本时，除阅读和理解文本外，还需要进行应用和评价文本的活动。因此，他提出了作为学术阅读所必需的四种阅读理解能力：对词汇和学术用语的理解、对文本的理解、推理理解和评价性理解。对词汇和学术用语的理解包括学习接受性词汇、学习词汇、学习术语、学习短语、了解词汇关系等；对文本的理解包括掌握详细内容、掌握主题、概括内容、了解段落之间的关系和在文本中查找相关内容等；推理理解包括预测和猜测、应用、在文本之外寻找相关内容和推理；评价性理解包括区分事实和观点、提出观点和评价等。

Gu Minji（2012）兼顾对文本内容的理解和学习者表达两方面，对韩国语阅读教材中的阅读理解问题类型进行了分类。第 1-a 类型问题（表层 – 字面问题）可以在文本中找到答案，学习者只有理解文本的含义才能回答。第 1-b 类型问题（表层 – 信息重组问题）可以通过理解文本的字面内容来回答，但需要学习者使用文本中的单词、短语或他们自己的语言来重组答案。这两类阅读理解问题同属于具有固定答案的封闭式问题。第 2 类问题（推理 – 创造性问题）需要通过寻找文本内容中隐含的答案，并以自己的语言回答，这类问题与推理阅读有关。推理问题可以是封闭式问题，也可以是开放式问题，具体取决于问题本身。第 3 类问题（扩展 – 创造性问题）虽是与文本内容相关的问题，但需要学习者自己寻找答案或进行调查，这类问题需要学习者运用应用、分析、评价、创造性思维等认知能力。

本节以阅读理解的类型为中心进行了讨论。由于在韩国语教育领域中关于阅读理解类型的研究不多，因此，这里以英语作为第二语言的教育理论为基础进行了探讨。关于阅读理解的类型的定义和理解类型的分类标准学界未有统一的标准，但是，从以上的讨论中我们可知，韩国语学习者需要具备表层理解、推理理解、预测理解、评价性理解、个人理解和词汇理解等理解能力。而要提高这些理解能力，则需通过各种阅读活动来实现。

6.3　韩国语教育中的阅读活动研究

在韩国语教育领域中，对阅读前活动、阅读中活动和阅读后活动进行分析的研究有 Kim Jiyoung（2004）、Yoon Hyeri（2006）和 Lee Eunju（2007）等。Kim Jiyoung（2004）分析了现有韩国语阅读教材的活动，并指出大部分阅读活动旨在检查学习者是否理解文本内容。此外，她利用语篇和文本的结构和特点，提出了阅读和写作的教育方案。她指出，应该对各种教材的阅读活动进行分析，并以此为基础开发阅读活动、验证其有效性。Yoon Hyeri（2006）对中国留学生的阅读课进行了相关的需求调查。根据研究结果，中国留学生经常遇到的阅读文本类型是"与专业相关的书籍"，经常使用的阅读理解能力的顺序是"理解核心内容""扫读并理解整篇内容""理解专业词汇""猜测未知词汇的含义""扫读并找到所需信息""理解细节""理解语句结构""评价性阅读"，而学习者感到最困难的阅读理解能力是"评价性阅读"。Lee Eunju（2007）分析了主要韩国语教育机构使用的 10 种教材。研究结果显示，在阅读前活动中，让学习者分享对课文的想法、意见和经验的活动最多。在阅读后活动中，确认理解问题的活动，即在文本中寻找特定信息的活动最多，其次是阅读文本和分享对文本的意见的活动。一些教材没有呈现阅读中活动，研究认为这是因为这时阅读活动集中在阅读文本上。

不同的阅读任务之间存在着相互作用，阅读任务可以影响学习者对文本内容的理解程度。在阅读活动中，哪种活动类型对学习者的理解更有效的问题值得探究。在韩国语教育领域中，对阅读活动的效果进行探讨的研究有 Kim Miok（2000）和 Kim Haryeong（2007）等。Kim Miok（2000）通过研究不同类型任务的效果，提出了通过引入任务来进行以交际能力为中心的语言教学的主张，并提出了可以在实际课堂上使用的有效任务的选择方案。在这项研究中，她对韩国语能力约为 2 级的学生进行了实验。研究结果显示，根据任务的类型，通过互动进行的意义协商存在差异。因此，她认为在课堂上使用任务教学时，应充分考虑任务的特征和特点。Kim Haryeong（2007）概述了韩国语教育中的阅读教育，并研究了影响阅读的两个重要因素：阅读任务类型和文本类型。她对 32 名韩国语能力为 4 级的学习者进行了实验研究。结果证实，学习者的阅读理解水平因任务类型而异。根据不同任务类型，学习者对文本的"细节理解""整体理解"和"推理理解"这三种阅读理解能力在统计学上存在着显著差异。

6.4 韩国语教材中的阅读活动和理解类型实例分析

张薇薇（2013）分析了 5 个韩国语教育机构使用的教材中的阅读理解类型和活动类型。由于不是所有韩国语教材都设置阅读前活动和阅读中活动，该研究只选取阅读后活动进行分析。研究中所使用的阅读后活动的理解类型基于 Nuttall（1996：187—189）、Day 和 Park（2005：60—73）以及 Mahiru Matsuzaki（2009）的标准，结合教材的实际情况选择了 7 种阅读理解类型：表层理解（litcral comprehension）、文本重组（reorganization）、推论（inference）、预测（prediction）、评价（evaluation）、个人反应（personal response）和对作者表现方式的理解（how writers say what they mean）。一种特定类型的阅读活动可能只有一种阅读理解类型，

也可能有多种阅读理解类型。换言之，一种理解类型不一定只对应于一种阅读活动。

　　研究结果显示，韩国语教材中的阅读后活动主要由理解活动和扩展活动两类活动组成。阅读活动类型的分析标准参考了 Davies（1995）和 Yoon Hyeri（2006）的标准。此外，还增加了教材中存在但未被包含在现有标准中的阅读活动类型。大部分理解活动包括选择题、阅读理解题、判断题等14种题型，而扩展活动则包括角色扮演、会话活动和写作活动3种活动。研究结果显示，5种教材中出现最多的阅读活动类型为"阅读理解问题"，即大部分教材以表层理解为中心设计了阅读活动。与我们的预想不同，相比于初级、中级的教材，高级教材的阅读活动并没有要求学习者展现更多的评价性和创造性阅读能力。从对教材中的阅读活动进行分析的结果来看，对教材中已有阅读活动的改编、增加推测和评价性阅读活动，以及对不同阅读活动类型的效果的分析研究仍有待加强。

6.1 읽기 활동의 정의 및 특성

> 읽기 활동의 정의는 무엇일까? 읽기 활동과 과제가 무슨 차이가 있을까? 읽기 활동은 어떻게 학습자의 이해를 도울까?

6.1.1 읽기 활동의 정의

읽기 활동의 정의를 내리기 전에 여기서 활동(activity) 및 과제(task)의 정의를 먼저 구별하고자 한다. Richard, Platt와 Weber(1985)에서 과제는 '언어를 처리하거나 이해하는 데에서 생긴 결과로서 수행되는 활동 또는 행동'이라고 하였다. Crookes(1986)에서 과제는 '일 또는 활동의 한 부분'이다. Nunan(1989)에서 의사소통적인 과제는 학습자들이 목표어로 이해하고, 조종하고, 생산하고, 의사소통하는 교실 활동이라고 하였고, Breen(1989)의 언어 활동의 모든 종류를 다 통합하는 넓은 범위의 정의를 내렸다. Breen은 과제에 대한 정의는 활동(activity)이라는 용어와 같은 의미를 가진 것으로 보인다. Widdowson(1998)에서 과제가 '화용적인 의미'(pragmatic meaning, 즉, 문맥에서의 언어 사용)에 초점을 둔다고 제안하였다. Ellis(2003)에서 '과제'는 우선적으로 의미에 초점을 둔 언어 사용을 이끌어내는 활동이다.

이상의 정의를 살펴보면 과제를 활동의 한 부분으로 보는 견해와 과제와 활동을 비슷하게 사용하는 경우를 볼 수 있으며 때에 따라서는 과제 안에 활동을 기술하고 있는 읽기 교재들도 볼 수 있다. 실제로 수업에서 사용하는 교재와 교사가 진행하는 수업 절차에 의하면 활동은 교실에서 진행되는 모든 단계의 행위를 포함하여 사용되며 과제는 특정 문제를 해결하기 위해 주어진 활동의

한 종류로 사용되는 것이 일반적이다. 여기에서는 이러한 자세한 구별에 초점이 있는 것이 아니므로 활동과 과제를 구별하지 않고 읽기 수업의 단계에서 진행되는 수업의 행위라고 정의하고 읽기 이해를 위한 활동을 살펴보고자 한다. 다만 때에 따라서는 교재 혹은 학자에 따라 이를 과제라고 지칭했을 경우에 그것이 활동의 종류와 크게 다르지 않아서 같이 살펴보고자 한다. 다시 말하면, 읽기 활동은 교실 읽기 수업을 수행하면서 학습자의 텍스트 이해를 돕고, 궁극적으로 읽기 능력의 향상을 도모하기 위해 행해지는 모든 읽기 활동을 지칭한다. 따라서 읽기 활동이란 읽기 전 활동, 읽기 본 활동, 읽기 후 활동과 같이 읽기 과정에서 나타나는 실현적인 읽기 관련 행위에 초점을 두는 행위라고 하겠다.

6.1.2 읽기 단계의 활동 특성

과정으로서의 읽기 수업은 '전 단계 - 본 단계 - 후 단계'의 세 단계로 구성된다. 읽기 전 단계(pre-reading)는 글을 읽기 전에 주제를 소개하고 주제에 대한 흥미를 유발시키며, 학습자들이 읽기의 목적을 갖도록 유도하는 단계이다. 읽기 본 단계(while-reading)는 읽기 전 단계에서 형성한 스키마를 바탕으로 세운 가설을 텍스트 정보를 이용하여 확인하고 검증하는 단계이다. 읽기 후 단계(post-reading)는 읽은 내용을 정리하고 학습 내용을 강화하는 단계이다. 이 단계에서는 글을 새로운 방법으로 다시 읽거나 관련된 자료를 통하여 어휘나 표현, 중심 내용들을 확장하는 활동을 한다. 읽은 내용을 말하기, 듣기, 쓰기 활동과 연계시킴으로써 다른 언어 기술로 전이하거나, 통합 연습을 통해 교육 효과를 높일 수 있다. 각 읽기 단계에 적용할 수 있는 읽기 활동의 몇 가지 예를 <표 6.1>과 같이 정리할 수 있다.

<표 6.1> 각 읽기 단계의 활동 특성

읽기 단계	활동
읽기 전 단계	길잡이 질문에 답하기, 시각 자료를 보고 생각하고 토론하기, 글의 주제와 관련해서 떠오르는 생각 말하기, 의미망 작성하기, 훑어 읽기, 특정 정보 찾기, 핵심 어휘 찾기, 질문·진술문·가설 작성하기
읽기 본 단계	훑어 읽기, 읽기 전 단계의 질문에 대한 답 확인하기, 자료 내용의 일부에 표시하며 읽기, 글의 구조 파악하기, 메모하기, 정보 메우기, 이야기 구성하기
읽기 후 단계	읽은 내용 확인하기, 어휘, 표현 학습하기, 글의 내용 토론하기, 글의 내용을 자신의 생각이나 경험과 연결하기, 글의 내용을 새로운 상황에 적용해 보기, 읽은 내용을 구어, 문어로 전이하기

6.2 읽기 활동 유형

6.2.1 일반적 읽기 활동 유형

Davies(1995)[13]는 읽기 과제[14]를 <표 6.2>와 같이 수동적 과제와 능동적 과제로 분류하고 있는데, 선다형 문제 풀기(multiple-choice exercises), 이해 확인 질문에 답하기(comprehension question), 빈칸 채우기(gap completion exercises), 진위형 문제 답하기(true/false question), 어휘 학습(vocabulary study), 사전 학습(dictionary study), 속독(speed reading), 텍스트 일

---

13 최영희·전은실 (2006: 127—128) 재인용.
14 여기서 읽기 과제는 학습자들이 읽기 수업에서 텍스트를 이해하고, 궁극적으로 읽기 능력을 향상시키기 위하여 행해지는 모든 읽기 관련 활동을 가리킨다.

부 순서 맞추기(renumbering of sections of text on page) 등의 개별적 읽기 활동은 수동적 읽기 과제로 구별하였다.

반면에 능동적인 과제는 주요 부분 표시하기/강조하기(marking/highlighting of text target), 수정된 빈칸 채우기(modified cloze), 도표 완성/재구성(diagram completion/reconstruction), 표 완성/재구성(table completion/reconstruction), 글 또는 도표 명칭 붙이기(labeling of text and/or diagram), 글 순서대로 배열하기(sequencing of cut-up units of text), 예측하기(prediction), 내용 복습(review), 요약하기(precis/summary), 회상하기(recall), 노트 필기하기(note-taking) 등으로, 이들 읽기 활동들은 개별 활동뿐만 아니라 짝 활동이나 소집단 활동을 포함하고 있다.

<표 6.2> 수동적 읽기 과제와 능동적 읽기 과제 (Davies, 1995)

분류	수동적 읽기 과제	능동적 읽기 과제
내용	1. 선다형 문제 풀기 2. 이해 확인 질문에 답하기 3. 빈칸 채우기 4. 진위형 문제 답하기 5. 단어 학습 6. 사전 학습 7. 속독 학습 8. 텍스트 일부 순서 맞추기	1. 주요 부분 표시하기/강조하기 2. 수정된 빈칸 채우기 3. 도표 완성/재구성 4. 표 완성/재구성 5. 글 또는 도표 명칭 붙이기 6. 글 순서대로 배열하기 7. 예측하기 8. 내용 복습 9. 요약하기 10. 회상하기 11. 노트 필기하기

또한 Davies(1995)[15]에서 읽기 자료와 관련된 직접적인 활동은 <표 6.3>과 같이 재구성(reconstruction) 활동과 분석(analysis)

---
15 김하령(2007: 18—19) 재인용.

활동으로 구분하였으며, 이는 모두 능동적 과제라고 지적하였다. 재구성 활동은 읽은 내용을 학습자가 이해한 대로 새롭게 구성하는 것을 요구하고, 분석 활동은 글에 제시된 정보를 다른 형태로 변환하는 활동을 말한다.

<표 6.3> 읽기 자료와 관련된 직접적인 활동

분류	학습 과제	활동	내용
재구축 활동 (교사가 수정한 텍스트를 사용)	텍스트나 도표 완성하기, 의미 재구성	텍스트 완성	1. 단어 완성(선택된 단어는 텍스트에서 지운다) 2. 구 완성(선택된 구나 절은 텍스트에서 지운다) 3. 문장 완성(선택된 문장은 텍스트에서 지운다)
재구축 활동 (교사가 수정한 텍스트를 사용)	텍스트나 도표 완성하기, 의미 재구성	순서 정하기	1. 논리/시간 순서로 배열된 텍스트의 흩어진 조각들(텍스트를 단계/사건을 나타내는 조각들로 자른다) 2. 분류된 텍스트 조각들(텍스트를 특정 목록의 정보들을 나타내는 조각들로 자른다)
		예측 하기	1. 텍스트의 조각을 읽은 후 다음 사건/단계를 예상하기(텍스트 조각은 한 번에 한 부분을 제시한다) 2. 텍스트 다음에 올 내용이나 끝을 쓰기(텍스트는 한 번에 한 부분을 제시한다)
		표 완성 하기	1. 정보의 자원으로서 텍스트와 줄, 칼럼 제목의 칸 채우기(교사는 줄과 행 제복을 제공한다) 2. 정보의 자원으로서 텍스트와 행렬의 칸을 사용하여 열과 행 제목을 고안하기(교사는 칸을 채운다)

재구축 활동 (교사가 수정한 텍스트를 사용)	텍스트나 도표 완성하기, 의미 재구성	도표 완성하기	1. 정보의 자원으로서 텍스트와 도표를 사용하여 라벨 완성하기(선택된 라벨은 도표에서 지운다) 2. 정보의 자원으로서 부분적으로 완성된 도표와 텍스트를 사용하여 도표 완성하기(교사는 원래의 도표를 만든다: 순서 도표, 분지 수형도, 네트워크 등)
분석 활동 (직접적 텍스트를 사용)	1. 표시하고 라벨링함으로써 텍스트 정보를 찾아내고 분류하기 2. 요약을 위한 기본으로서 표시된 텍스트를 사용하기	텍스트 표시하기	정보 목표물의 특정한 의미를 나타내는 텍스트의 일부를 찾아내고 밑줄을 긋는다
		제목 붙이기	교사에 의해 제공된 라벨을 사용하여 텍스트 일부에 제목을 붙인다
		순서 정하기	의미나 정보 단위로 텍스트를 나누어서 텍스트의 조각을 라벨링하거나 주석을 단다
		표 재구성	표의 칼럼, 줄 제목을 만들고 정보의 자원으로서 텍스트를 사용하여 칸을 채운다
		도표 구성	특정한 텍스트에 적합한 도표를 재구성하거나 완성한다(예: 과정을 묘사하는 순서 도표, 위계질서 분류와 네트워크를 묘사하는 분지 수형도)
		동료 질문 만들기	텍스트를 읽고 질문을 만들어 답변한다
		요약하기	제목을 만들고 정보를 요약한다

김정숙(2006)은 읽기 활동을 <표 6.4>와 같이 의사소통 목적과 학습 목적 읽기 활동으로 구분하였다. 의사소통 목적의 읽기

활동은 의미와 정보 파악을 위한 읽기로 주로 주제, 개요(중심 내용) 파악하기, 대체적인 내용 파악하기, 특정 정보 파악하기, 세부 정보 파악하기 등으로 이루어진다. 학습 목적의 읽기 활동은 학습자의 읽기 능력을 개발시키기 위한 학습의 일환으로 읽기 활동을 수행하게 하는 방법으로 꼼꼼히 읽기, 의사소통 전략 개발을 위한 읽기, 담화 특성 학습을 위한 읽기, 언어 요소 학습을 위한 읽기, 지식과 문화 학습을 위한 읽기 등이 여기에 속한다.

<표 6.4> 의사소통 목적 및 학습 목적의 읽기 활동

의사소통 목적의 읽기 활동	①주제, 개요 파악하기 ②대체적인 내용 파악하기 ③특정 정보 파악하기 ④세부 정보 파악하기 ⑤비유적·함축적 의미 파악하기
학습 목적의 읽기 활동	①꼼꼼히 읽기 ②추측하기 ③단어 문법, 표현 익히기 ④담화 구조, 격식, 특징적 표현 익히기

이상으로 여러 가지 기준에 따라 나눈 읽기 활동 유형에 대하여 살펴보았다. 읽기 활동 유형은 학자에 따라서, 또는 읽기 활동을 나누는 기준에 따라서 다양하게 나타났다. 대부분 학자들이 읽기 유형을 읽기 전·본·후 단계로 나누어 이에 적합한 읽기 활동을 자세하게 제시하였다. 연구자들이 제시한 활동 유형을 살펴보면 읽기 전 활동은 읽기 본 단계에서 읽을 텍스트에 대한 준비를 하는 활동이기 때문에 말하기, 듣기, 쓰기와 통합된 활동 유형이 많이 사용되며, 읽기 본 활동과 읽기 후 활동의 구분이 명확하지 않은 경우가 있다. 읽기 본 활동은 학습자가 자신의 배경지식과 읽기 능력을 활용하여 구체적인 목적을 가지고 다양한 읽기 전략을 동원하여 텍스트를 이해하는 활동으로서 중심 내용을 파악하

는 데에 도움을 주는 활동들을 많이 사용한다. 한국어 교재의 읽기 후 활동은 주로 이해 활동과 확장형 활동으로 나누어 볼 수 있다. 이해 활동은 대부분 선다형 문제, 이해 확인 질문, 진위형 문제 등을 비롯한 읽기 문제로 이루어지는 활동이며 확장형 활동은 읽기 텍스트의 내용이나 주제를 바탕으로 말하기, 쓰기, 역할극 같은 활동으로 진행되는 활동이다. 따라서 교사는 학습자의 읽기 능력을 충분히 발전시키려면 다양한 이해 활동 및 확장형 활동을 선택하여야 한다.

6.2.2 읽기 이해 유형

이해는 단일 현상이 아니라 여러 능력과 활동의 집합이다. 이해의 핵심은 텍스트 안의 상이한 사건들을 마음 속에서 서로 연결하고, 텍스트가 무엇을 말하는지 조리 있게 표현해 낼 수 있는 능력이다(Kendeou 외, 2007). 또한 이해는 독자가 다양한 방법을 통하여 자신의 이해 능력을 사용하기 때문에 아주 복잡한 과정이다. 하나의 읽기 자료를 이용한다 하더라도 요구하는 읽기 활동에 따라 학습자의 독해 단계가 달라진다. 따라서 읽기 이해 유형은 읽기 활동에 아주 중요한 평가 기준이 되기도 한다.

제7차 교육과정[16]에서 제시하고 있는 읽기의 단계를 근거로 살펴보면 <표 6.5>와 같다. 영어 독해에서는 사건의 순서와 중심 생각을 파악하거나, 요약하는 축자적 이해(literal comprehension)와 요지 및 결론을 파악하는 해석적 이해(interpretive comprehension)가 기본적인 목표이다. 또한 텍

---

16 교육부(1998), 제7차 교육 과정 외국어과 교육과정(Ⅰ), 서울: 대한교과서.

스트의 내용을 분석하면서 내용이 타당성이 있는지, 견해가 공평하고 중립적인 시각에서 쓰어졌는지, 글의 목적이 분명하고 선전하려는 의도가 없는지를 파악하기 위해서는 비판적인 이해 능력(critical comprehension)이 요구된다. 그리고 글을 읽으면서 단순히 해독하는 과정에 머무르는 것을 넘어 고차원의 읽기인 창의적인 읽기(creative comprehension) 단계에 이를 필요도 있다.

<표 6.5> 영어 독해의 이해 유형

이해 유형	세부 내용
축자적 이해	① 사실 (fact) ② 순서 (sequence) ③ 중심 생각 (main idea) ④ 방향 (direction) ⑤ 요약 (summary) ⑥ 인과 관계 (cause-effect) ⑦ 비교 (comparison) ⑧ 대비 (contrast) ⑨ 성격 특성 (character trait)
해석적 이해	① 추론하기 (inferring: literal comprehension) ② 결론 내리기 (drawing conclusion) ③ 일반화하기 (generalizing) ④ 비유적인 언어 (figurative language) ⑤ 추측하기 (speculation) ⑥ 예측하기 (prediction) ⑦ 예상하기 (anticipation) ⑧ 높은 수준으로 요약하기 (summarizing in high level)

비판적 이해	① 판단하기 (judging) ② 선전하는 의도 탐지하기(detecting propaganda) ③ 분석하기 (analyzing) ④ 타당성 확인하기 (checking validity) ⑤ 견해가 공평하고 중립적인지, 글의 목적이 분명한지(checking author's reputation, biases and purpose)
창의적인 읽기	① 새 정보 적용하기 (applying information to new situations) ② 감정적으로 응답하기 (responding emotionally)

Nuttall(1996: 188—189)은 읽기 질문 유형에 대해 <표 6.6>과 같이 6가지를 정리하였다.

<표 6.6> Nuttall의 읽기 질문 유형

유형	설명
유형1	텍스트에 실제적 또는 명확히 기술되어 있는 정보에 대한 질문(questions of literal comprehension)
유형2	텍스트에 실제적 또는 명확한 기술이 있는 정보를 독자가 통합하거나 다른 말로 표현하기를 요구하는 질문(questions involving reorganization or reinterpretation)
유형3	텍스트에 실제적 또는 명확한 기술이 없는 정보를 독자가 추론하는 것을 요구하는 질문(questions of inference)
유형4	텍스트에 대한 개인적 반응 및 의견, 생각을 요구하는 질문 (questions of personal response)
유형5	글쓴이의 편견, 증거에 대한 검토, 문학적 효과 등 텍스트에 대한 논리적 평가를 요구하는 질문(questions evaluation)
유형6	표현 방식에 관한 질문(questions concerned with how writers say what they mean)

Day & Park(2005)는 Nuttall의 이론을 바탕으로 사실적 이해(literal comprehension), 재구성하기(reorganization), 추론하기(inference), 예측하기(prediction), 평가하기(evaluation), 개인 경험 나누기(personal response) 등 6가지 읽기 이해 유형(types of comprehension)을 <표 6.7>과 같이 제기하였으며 5가지 읽기 질문 유형들이 어떻게 6가지 이해 유형에 적용될 수 있는지를 검토하였다.

<표 6.7> 읽기 이해 유형과 읽기 질문 유형

문제 유형 (Forms of Questions)	이해 유형(Types of Comprehension)					
	사실적 이해	재구성 하기	추론 하기	예측 하기	평가 하기	개인 경험 나누기
네/아니요 문제 (Yes/No)	√	√	√	√	√	√
양자택일 (Alternative)	√	√	√	√	√	
진위형 문제 (True or False)	√	√	√	√	√	√
의문사 의문문 (Wh-questions)	√	√		√	√	√
선다형 문제 (Multiple-choice)	√			√	√	

정길정 외(2005)는 성숙한 독자가 상용하는 이해 과업(comprehension)에는 명시적 이해 과업(literal comprehension),

추론적 이해 과업(inferential comprehension) 및 평가적 이해 과업(evaluative comprehension) 3가지가 있다. 명시적 이해 과업은 추론 없이 단어나 문장이 전달하는 의미를 정확히 이해하는 과업이며 추론적 이해 과업은 텍스트에 나타나지 않은 내표된 정보를 추론하는 과업이다. 마지막으로 평가적 이해 과업은 글이나 작가에 대한 판단을 요구하는 과업이다. 이 3가지 이해 과업과 관련된 활동을 정리하면 <표6.8>과 같다.

<표 6.8> 이해 과업과 활동

이해 과업	활동
명시적 이해 과업	1. 친숙하지 못한 일반적인 어휘 이해 2. 친숙하지 못한 전문적/기술적 어휘 이해 3. 다의어의 경우에 적절한 의미 선택 4. 복잡한 지시에 대한 이해 5. 예외적으로 긴 문장의 이해 6. 주어가 긴 문장의 이해 7. 주제와 다른 대의 파악 8. 전이에 대한 중복과 이해 9. 주된 생각과 세부 사항에 대한 이해 10. 종속적인 요소(시간, 장소, 목적)에 의한 내용 이해
추론적 이해 과업	1. 단어의 함의에 주목하기 2. 일반적 추론에 대한 지각 3. 인과 관계 및 그 밖의 관계에 대한 지각 4. 인물의 장차 행동에 대한 예측 5. 미래의 사건이나 언급되지 않는 결과에 대한 추론 6. 표현상 비유(비유, 직유, 과장된 의인화 등) 해석 7. 문체상의 비유(암시, 풍자, 아이러니, 우화 등) 파악 8. 특정 학문의 문체상 비유 표현 이해 8. 특정 학문의 전문 용어로 나타난 표현에 대한 이해 10. 작가의 개인적 가치 추론

평가적 이해 과업	1. 작가의 의도 파악 2. 제시된 정보와 주제의 관련 여부 판단 3. 진술 내용이 가상적인지 사실적인지 아니면 의견인지를 판단하기 4. 진술의 정확성 판단 5. 감정 표현 방법에 대한 이해 6. 사실 여부나 수사적 진실성 파악 7. 어휘 선정, 세부 사항 선택, 강조, 상투성 등과 같은 편견 파악 8. 잘못 그려진 그래프 인지 9. 그릇된 가설 파악 10. 논리상 과오 파악 11. 증거 없는 결론 파악

마쯔자키 마히루(2009)는 Nuttall(1996: 187—189)과 Day & Park(2005: 60—73)에 제시된 읽기 질문 유형을 정리하여 7가지 읽기 질문 유형을 <표6.9>와 같이 정리하였다.

<표 6.9> 마쯔자키 마히루가 제기한 읽기 질문 유형

유형	설명
유형1	텍스트에 직접적 또는 명확히 기술되어 있는 정보에 대한 질문(questions of literal comprehension)
유형2	텍스트에 직접적 또는 명확한 기술이 있는 정보를 독자가 통합하거나 다른 말로 표현하기를 요구하는 질문(questions involving reorganization or reinterpretation)
유형3	텍스트에 직접적 또는 명확한 기술이 없는 정보를 독자가 추론하는 것을 요구하는 질문(questions of inference)
유형4	제시된 텍스트 뒤에 이어질 내용을 예측하여 대답하는 것을 요구하는 질문(questions of prediction)
유형5	작가의 편견, 증거에 대한 검토, 문학적 효과 등 텍스트에 대한 논리적 평가를 요구하는 질문(questions evaluation)

유형6	텍스트에 대한 개인적인 반응을 요구하는 질문(questions of personal response)
유형7	말하고자 하는 바를 표현하는 방식에 관한 질문(questions concerned with how writers say what they mean)

박효훈(2011)은 한국어 학문적 텍스트를 읽을 때 텍스트를 읽고 이해하는 차원을 넘어서 텍스트의 내용을 적용하고 비판하는 활동 또한 필요하다고 제기하였다. 따라서 학문 목적 읽기에 필요한 이해 기능으로 어휘 및 학문 용어에 대한 이해 기능, 사실적 이해 기능, 추론적 이해 기능과 비판적 이해 기능 4가지를 제기하였다. 어휘 및 학문 용어에 대한 이해 기능은 텍스트 이해에서 기본적이며 필수적인 기능이고 어휘 학습을 통해 길러질 수 있는 기능이다. 사실적 이해 기능은 주요 내용, 주제, 특정 정보 파악하기와 같은 이해 기능이다. 사실적 이해는 추론적 이해와 비판적 이해에 있어서도 기본이 되는 부분으로 학습자들이 필수적으로 습득해야 할 읽기 이해 기능이다. 추론적 이해 기능은 텍스트에 대한 사실적 이해를 통해서 유추하여 텍스트가 함의하고 있는 내용과 관련 내용을 추측할 수 있는 읽기 기능이다. 비판적 이해 기능은 텍스트에 대한 사실적 바탕으로 기존 텍스트를 평가하는 읽기 기능이다. '어휘 이해 기능'의 활동 유형으로 '어휘 익히기', '용어 익히기', '표현 익히기', '어휘 관계 알기'를 들고자 하며, '사실적 읽기 기능'에는 '세부 내용 파악하기', '주제 찾기', '요약하기', '문단 사이 관계 알기'와 '텍스트 내에서의 관련 내용 찾기'를 들고자 한다. 그리고 '추론적 읽기 기능'에는 '예측하기와 추측하기', '적용하기', '텍스트 외에서의 관련 내용 찾기', '추론하기'를 들 것이다. '비판적 읽기 기능'에는 '사실과 의견 구분하기', '의견 제시하

기', '평가하기'를 들고자 한다. 이를 정리하여 <표 6.10>과 같이 제시하고 있다.

<표 6.10> 읽기 이해 기능과 읽기 활동 유형

읽기 기능	읽기 활동
어휘 이해	어휘 익히기, 용어 익히기, 표현 익히기, 어휘 관계 알기
사실적 이해	세부 내용 파악하기, 주제 찾기, 요약하기, 문단 사이 관계 알기, 텍스트 내에서의 관련 내용 찾기
추론적 이해	예측하기와 추측하기, 적용하기, 텍스트 외에서의 관련 내용 찾기, 추론하기
비판적 이해	사실과 의견 구분하기, 의견 제시하기, 평가하기

구민지(2012)는 텍스트 내용의 이해 측면과 학습자 대답의 표현 측면을 모두 고려하여 한국어 읽기 교재의 이해 질문의 유형을 <표 6.11>과 같이 분류하였다.

<표 6.11> 이해 질문 분류 기준

이해 측면 \ 표현 측면	텍스트에 있는 언어 그대로 대답하는 축어적 질문	텍스트의 언어를 바탕으로 재구성하여 대답하는 재구성 질문	자신의 언어로 대답하는 창의적 질문
사실적 질문	1-a유형	1-b유형	
추론적 질문			2유형
확산적 질문			3유형

1-a 유형(사실-축어적 질문)은 텍스트에 답이 그대로 나와 있는 질문으로, 텍스트의 문장만 이해하면 대답할 수 있는 질문이다. 1-b 유형(사실-재구성 질문)은 텍스트의 표면 내용을 이

해하면 답은 알 수 있으나, 학습자가 텍스트의 단어나 표현, 또는 자신의 언어를 이용하여 답을 재구성해야 하는 질문이다. 사실-축어적 질문과 사실-재구성 질문은 답이 정해져 있는 폐쇄형 질문에 해당한다. 2유형(추론-창의적 질문)은 텍스트의 내용에 함의되어 있는 답을 찾아내어 자신의 언어로 대답해야 하는 질문으로, 추론적 읽기와 관련된다. 추론적 질문은 질문에 따라서 폐쇄형 질문이 될 수도 있고 개방형 질문도 될 수도 있다. 3유형(확산-창의적 질문)은 텍스트의 내용과 관련은 있으나 학습자가 스스로 답을 생각해 내거나 조사해서 자유롭게 답할 수 있는 질문으로서 적용, 분석, 평가, 창의 등의 인지 능력을 요하는 질문이다.

지금까지 읽기 이해 유형을 중심으로 다룬 논의들을 살펴보았다. 읽기 이해 유형에 대한 한국 국내 연구에서 만족스러운 해답을 찾지 못해, 제2언어로서의 영어 교육의 이론적 논의를 근거로 논의된 것이 많았다. 또한 학자에 따라서 읽기 이해 유형에 대한 정의 및 이해 유형을 나누는 기준이 다양하다. 그러나 이상의 논의를 간략히 정리해 보면 한국어 학습자들에게는 '실제적 이해', '추가적 이해', '추론적 이해', '예측하는 이해', '비판적 이해', '개인적 이해', '어휘적 이해' 능력이 필요하며 이를 향상시키려면 다양한 읽기 활동을 통하여 달성할 수 있다고 할 수 있다.

6.3 한국어 교육에서 이루어진 읽기 연구

외국어로서의 한국어 교육에서 나온 읽기에 대한 기존 연구들을 살펴보면 읽기 자료 및 읽기 교육 방안에 대한 연구는 김중섭

(2002), 김정숙(2004, 2006), 주옥파(2004) 등이 있다. 또한 읽기 활동을 원활하게 진행하기 위하여 읽기 활동에 대해 검토할 필요가 있는데, 읽기 이해 유형에 대해 검토한 논문에는 구민지(2012) 등이 있고, '읽기 전·본·후' 활동 유형에 대한 분석 연구는 주로 변정임(2007), 김지영(2004), 이은주(2007) 등을 들 수 있다. 또한 김미옥(2000), 김하령(2007) 등은 읽기 활동의 효과에 관한 실험적 연구를 수행했다. 읽기 자료와 관련된 연구는 김희진(2001), 변정임(2007) 등이 있고, 학문 목적 읽기 교육에 관한 학습자의 요구 분석 연구로는 전수정(2004)의 석사학위 논문이 있다.

우선 읽기 자료 및 읽기 교육 방안에 관한 논문을 살펴보면, 김중섭(2002), 김정숙(2004, 2006), 주옥파(2004) 등이 읽기 자료 및 읽기 교육 방안에 관해 연구했다. 김중섭(2002)은 중국의 주요 대학의 한국어학과 학생들을 대상으로 읽기 교육 관련 설문조사를 실시한 후, 그 결과를 읽기 교육 이론과 함께 고찰하여 중국에서의 한국어 읽기 교육 현상을 살펴보고 중국 한국어 학습자에게 적합한 읽기 자료의 유형 및 교육 방안을 제시하였다. 김정숙(2004)은 기존 읽기 교재의 교수요목 유형과 교재의 내용, 읽기 활동의 유형을 분석한 후, 읽기 교재의 개발 목적을 설정하고 그에 맞는 교수요목의 유형 및 활동 구성 방안을 제시하였다. 또, 한국어 학습자들에게 유창하고 정확하게 내용을 파악할 수 있는 읽기 능력이 필요하다고 하며 읽기 활동을 통해 언어 요소와 담화 구소에 관한 지식을 확장시켜 의사소통에 기여하고 읽기 이해에 도움을 주는 것, 읽기 활동과 후속 활동을 통해 한국어 학습자가 알아야 할 한국 문화 내용, 인류 보편적 가치·지식 등에 관련된 정보를 제공하는 것 등 3가지 목표를 주장하였다. 이 3가지 목표를 위하여 '주제·개요 파악하기', '대체적인 내용 파악하기', '특정 정보 파악하기', '추측하기', '어휘, 문법, 표현 익히기' 등 읽기 활동을 포함해야 한다고 제기하였다. 한편, 김정숙(2006)은 고급 단계 한국어 학습자의 읽기 능력을 향상시킬 수 있는 교재나 자료, 활동 개발과 관련된 논의가 부족한 것을 지적하고, 기존 한국어 고급 읽기 교재를 검토·분석하여 고급 단계의 읽기 자료 선정 기준과 읽기 활동의 유형을 제시하였다. 그리고 연구에서 고급 단계의 한국어 읽기 교육의 목적은 정확한 읽기 능력뿐 아니라 빠른 시간 내에 내용을 파악하는 읽기 능력을 기르는 것이라고 주장했다. 또 읽기를 크게 의사소통 목적의 읽기 활동과 학습 목적의 읽기 활동으로 구분하여 한국어 읽기 교재와 한국어 교재에 제시된 읽기 활동 실례를 분석하였다. 주옥파(2004)는 중국에서의 한국어 교육의 한계점을 제시하고 중국의 한국어 고급 학습자를 위해 읽기 목표를 별도로 설정하고 그에 따른 읽기 교육 방안을 제시하였다. 논설문 텍스트를 이용하여 읽기 목표를 달성하기 위한 다양한 활동 유형으로 '제목 보고 내용 유추하기', '질문 제시를 통해 토론하기', '단어와 문법 설명', '글의 배경지식 소개', '개요 만들기', '요약하기'와 '주제 찾기', '세부적 사항 파악하기' 등 읽기 활동 유형을 소개했다.

 지금까지 읽기 자료, 교육 개발 방안 등에 대하여 살펴보았다. 한국어 학습자들이 한국어를 학습하면서 가장 먼저 접하게 되는 도구인 교재와 관련된 많은 연구가 다각도로 진행되고 있지만, 특히 교재에 제시된 읽기 활동에 대한 연구는 더욱 활발하게 진행되어야 할 필요가 있다.

다음으로 읽기 이해 유형에 대한 기존 연구들은 구민지(2012)가 있다. 구민지(2012)는 1-a 유형(사실 - 축어적 질문), 1-b 유형(사실 - 재구성 질문), 2유형(추론 - 창의적 질문), 3유형(확산 - 창의적 질문) 등의 네 가지 유형을 선정하고, 한국어 읽기 교재의 이해 질문이 학습자 중심의 상호작용적 읽기를 효과적으로 도모하며 학습자의 창조적인 이해를 유도하는지에 대해 알아보기 위해서 현재 출판된 한국어 교재 중에서 학문 목적 한국어 읽기 교재에 제시되어 있는 텍스트 이해 질문을 분석하여 그 양상을 살펴보았다.

이상의 선행 연구를 통하여 읽기 이해 유형에 대하여 살펴보았다. '읽기 이해 유형'에 대한 한국 국내 한국어 교육 연구에서 만족스러운 해답을 찾지 못해, 제2 언어로서의 영어 교육의 이론적 논의도 참고한 결과, 학자에 따라서 '읽기 이해 유형'에 대한 정의 및 이해 유형을 나누는 기준이 다양한 것을 확인할 수 있었다.

김지영(2004), 윤혜리(2006), 이은주(2007)는 '읽기 전·본·후 활동' 유형에 대한 분석 연구를 했다. 김지영(2004)은 기존 한국어 읽기 교재의 활동들을 분석하여 대부분의 읽기 활동들이 내용 이해를 점검하는 활동들인 것을 지적하였다. 그리고 담화와 텍스트의 구조 및 특징을 활용한 읽기·쓰기의 교육 내용과 교육 방안을 제안하였다. 또 다양한 자료에 대한 텍스트 분석을 실시하여 그 결과를 활용한 과제의 개발과 과제 효용성에 대한 검증이 이루어져야 할 것이라고 덧붙였다. 윤혜리(2006)는 중국 유학생들을 대상으로 읽기 수업과 관련된 요구 조사를 실시한 결과, 학업 과정에서 자주 접하게 되는 읽기 유형은 '전공 관련 서적'의 텍스트인 것으로 나타났다. 그리고 자주 접하는 읽기 기능에 대한 조사 결과는 '핵심 내용 이해하기', '훑어 읽고 전체 내용 이해하기', '전문적인 어휘 이해하기', '모르는 어휘 추측하기', '훑어 읽고 필요한 내용 찾기', '세부 내용 이해하기', '문항 구조 이해하기', '비판적 읽기'의 순으로 나타났으며 학습자가 가장 어렵다고 느끼는 읽기 기능은 '비판적으로 읽기'라는 사실을 발견하였고, 이 결과를 반영한 읽기 교재의 개발에 대해 논의하였다. 이은주(2007)는 주요 한국어 교육 기관에서 사용되고 있는 10권의 교재를 분석한 결과, 읽기 전 활동으로는 텍스트와 관련하여 학습자의 생각이나 의견, 경험 등을 나누는 활동이 가장 많았고, 읽기 후 활동에서는 독해 질문에 답하는 활동, 즉, 텍스트 안에서 특정 정보를 찾는 활동이 가장 많았으며, 그 다음으로는 텍스트를 읽고 텍스트에 대한 의견을 나누는 활동이 두 번째로 빈번하게 출현하는 것을 확인했다. 이러한 활동이 주로 사용된 이유는 읽기의 목적이 텍스트의 내용을 파악하는 것이기 때문에 텍스트를 읽기 전에 학습자의 배경지식을 이끌어 내기 위한 활동을 주로 실시했기 때문이고, 읽은 후에는 텍스트의 내용을 제대로 이해했는지 확인하는 활동을 주로 실시했기 때문인 것으로 추측할 수 있다. 읽기 본 활동은 일부 교재를 제외하고는 텍스트에 제시되어 있지 않았는데, 이는 읽기 본 활동이 텍스트를 집중해서 읽는 데에 치중하고 있기 때문이라고 생각된다.

이상으로 읽기 활동 유형에 대하여 논의하였다. 읽기 이해 유형과 마찬가지로 읽기 활동 유형도 역시 학자에 따라서, 또는 읽기 활동을 나누는 기준에 따라서 다양하게 나타났다. 그러나 대부분 학자들이 읽기 유형을 읽기 전·본·후 단계로 나누어 이에 적합한 읽기 활동을 자세하게 제시하였다.

김미옥(2000), 김하령(2007)은 다음과 같이 읽기 활동의 효과에 관한 실험 연구를 수행했다. 김미옥(2000)은 한국어 교육에서 과제 종류별, 유형별 의미들 간에 상호작용이 어떠한지 살펴봄으로써, 과제 도입을 통한 의사소통 능력 중심의 교육을 실시해야 하는 근거를 제시하였고, 실제 수업에서 사용될 수 있는 효과적인 과제 선택의 방안을 제공하여 한국어 교수 학습의 효과를 높이고자 하였다. 이를 위하여 약 200시간의 한국어 과정을 마친 어학당 2급 학생을 대상으로 실험을 실시한 결과, 과제 종류 및 유형에 따라 상호작용을 통한 의미 협상의 차이가 있는 것으로 나타났다. 따라서 수업에서 과제를 사용할 때 과제의 특징과 성격을 충분히 고려하여야 한다고 주장하였다. 김하령(2007)은 한국어 교육에서의 읽기 교육을 개관하고 한국어 읽기에 영향을 미치는 두 가지 중요한 요인인 읽기 과제 유형과 텍스트 유형에 관한 실험 연구들을 살펴보았다. 이를 바탕으로 어학당 4급 학습자들 총 32명을 대상으로 실험 연구를 실시하였는데, 그 결과 과제 유형에 따라 읽기 이해의 유형별 이해도가 다르게 나타나는 것을 확인했다. 과제 유형에 따라서는 세부적 이해, 전체적 이해 및 추론적 이해라는 세 가지 읽기 이해의 유형 간에 통계적으로 유의미한 차이가 있음을 밝혔다.

　이상으로 한국어 교육에서 읽기 과제 유형별과 종류별 간의 상호작용이 어떠한지, 읽기 과제가 학습자의 이해력에 어떤 영향을 미치는지에 대하여 살펴보았다. 요컨대 읽기 활동에서 어떤 활동 유형이 학습자의 이해력에 좀 더 효과적인지에 대해 보다 더욱 체계적인 이론적 기초가 제시될 필요가 있다.

　마지막으로 읽기 텍스트 자료와 관련된 논문으로 김희진

(2001)은 서울과 경기도의 고등학생 440명을 대상으로 텍스트 유형과 읽기 전 활동이 영문 독해에 미치는 영향을 조사하였다. 텍스트 유형으로는 설명문(exposition), 논설문(argumentation), 이야기 글(narration)을, 읽기 전 활동으로는 단어 지도, 담화 구조 지도, 주제 토론에 대해 살펴보았다. 그 결과 텍스트 유형은 독해에 유의미한 영향을 미치지 못하는 것으로 나타났고, 단어 지도가 가장 효과적인 읽기 전 활동인 것으로 나타났다. 한편, 텍스트 유형별 가장 효과적인 읽기 전 활동을 살펴보면, 설명문에서는 단어 지도가 가장 효과적인 것으로 나타났다. 논설문에서는 읽기 전 활동이 유의미한 영향을 미치지 못했던 반면, 이야기 글에서는 읽기 전 활동을 실시한 모든 실험 집단이 통제 집단보다 높은 독해 점수를 받았지만 읽기 전 활동 간에는 우월성이 나타나지 않았다. 또한 하위 학습자들에게는 단어 지도가 효과적이었는데, 이야기 글에서는 하위 학습자들에게 글의 구조를 가르치거나 주제를 토론하는 것이 더 효과적인 것으로 나타났다. 변정임(2007)은 읽기 전 활동과 텍스트 유형이 120명의 고등학교 2학년 영어 학습자의 읽기 이해력에 미치는 영향에 대한 실험 연구를 실시하였는데, 읽기 전 활동으로는 그림 활동과 의미망 활동을, 텍스트 유형으로는 이야기 글과 설명문을 살펴보았다. 그 결과, 텍스트 유형은 설명문에서는 의미망 활동을 실시한 집단을, 이야기 글에서는 그림 활동을 실시한 집단으로 하여금 유의미하게 전체적 읽기 이해력을 향상시켰으며 상호작용의 효과가 명확하게 나타났다. 그러나 읽기 전 활동과 텍스트 유형 모두 미시적 및 거시적 이해력에 유의미한 영향을 미치지는 못하였으나, 추론적 이해력의 경우 설명문에서는 의미망 활동을 한 집단이, 이야기 글에

서는 그림 활동을 한 집단이 유의미하게 높은 이해력을 보이는 것으로 나타났다. 또한 자가 평가를 통한 사후 설문조사에서 이야기 글을 실시한 집단이 설명문을 실시한 집단보다 읽기 전 활동에 대해 보다 효과적이라고 응답하였다. 따라서 읽기 전 활동을 제공해 주는 것이 학습자들의 읽기 이해력에 긍정적인 영향을 미친다는 것이 실험을 통해 밝혀졌다.

지금까지 읽기 교육에서 나온 읽기에 대한 기존 연구들에 대해 읽기 교육 및 교재 개발 방안, 읽기 이해 유형, 읽기 활동, 읽기 활동의 효과, 읽기 텍스트와 읽기 활동의 관계를 살펴보았다. 이상의 내용을 요약해 보면, 다음과 같다. 첫째, 영어 교육에서는 읽기 활동에 관한 연구가 다양하게 이루어져 왔으나 한국어 교육 분야에서는 읽기 활동에 대한 연구가 앞으로 체계적으로 이루어져야 함을 알 수 있다. 둘째, 읽기 교재 개발 방안, 읽기 활동 및 읽기 텍스트에 대한 기존 연구들이 어느 정도 체계를 갖춘 반면에 읽기 이해 유형에 대한 연구는 상대적으로 미흡하다. 결론적으로, 학습자의 읽기 능력을 향상시킬 수 있는 읽기 이해 유형 및 활동 유형과 관련된 논의가 아직 본격적으로 이루어지지 않았다는 점에서 연구의 필요성과 의의를 찾을 수 있다.

6.4 한국어 교재의 읽기 활동 및 이해 유형 분석 실제

6.4.1 교재의 읽기 이해 활동 유형 분석

본 절에서는 현행 5종 한국어 교재 시리즈에 제시된 읽기 이해 유형 및 활동 유형을 분석하고자 한다. 읽기 전 활동과 읽기 본 활동은 모든 한국어 교재에서 발견되는 것이 아니기 때문에 동일한 기준 아래 비교하기 위해 읽기 후 활동만 분석하고자 한다. 먼저 구체적인 교재에 나타난 읽기 후 활동의 이해 유형의 실제를 제시하고자 한다. 읽기 이해 유형은 Nuttall(1996: 187—189)과 Day & Park(2005: 60—73)의 기준을 바탕으로 <표6.12>와 같이 7가지 이해 유형이 선정되었다. 따라서 특정한 읽기 활동 유형에 해당하는 읽기 이해 유형이 한 가지만 나타날 수도 있으며 다양하게 나타날 수도 있다. 즉 하나의 활동 유형에 해당하는 이해 유형이 꼭 한 가지만 드러나는 것이 아니라는 뜻이다. 본 절에서는 특정한 읽기 활동 유형에 가장 두드러지게 나타난 읽기 이해 유형을 선정하여 분석하고자 한다.

<표 6.12> 읽기 이해 유형

약호	읽기 이해 유형
유형 1	실제적 이해(literal comprehension)
유형 2	재조직하기(reorganization)
유형 3	추론하기(inference)
유형 4	예측하기(prediction)
유형 5	평가하기(evaluation)
유형 6	개인 경험 나누기(personal response)
유형 7	표현적 방식 이해(how writers say what they mean)

우선 7가지 읽기 이해의 정의를 자세히 살펴보기로 한다.

유형 1 실제적 이해는 텍스트에 직접적 또는 명백히 기술되어 있는 정보에 대한 이해 유형이며, 이는 주로 주요 내용, 주제, 특정 정보 파악하기와 같은 활동을 포함한다. 읽기 활동에서 텍스트 이해를 통해 연구에 대한 정확한 이해 또한 필수적인 이해 기능이다.

유형 2 재조직하기는 텍스트에 직접적 또는 명확한 기술이 있는 정보를 독자가 재조직하여 추가적인 이해를 형성하는 이해 활동이다.

유형 3 추론하기는 텍스트에 직접적 또는 명확한 기술이 없는 정보를 독자가 이전의 지식과 새로운 정보를 통합하거나, 탈맥락화된 정보를 해석하고 고려하거나, 수많은 단서와 자원으로부터 정보를 종합하거나, 이전 기대와는 개념적으로 다를지도 모르는 정보를 이해하여 추론하는 이해 활동이다.

유형 4 예측하기는 제시된 텍스트의 앞이나 뒤에 나타날 내용을 예측하는 이해 활동이다.

유형 5 평가하기는 독자가 자신의 목표와 태도 면에서 글쓴이의 편견, 증거에 대한 검토, 문학적 효과 등 텍스트에 대해 논리적으로 평가하는 이해 활동이다. 이는 비판적 읽기 기능을 가지고 있으며 실제적 이해를 기초로, 텍스트 내용에 대한 독자의 판단이 더해지는 이해라고 할 수 있다. 이러한 읽기를 위해서 학습자는 다음과 같은 질문에 대해 생각해 보는 전략을 사용할 수 있다. 즉 저자의 편견, 특정 집단에 대한 저자의 선호, 저자의 배경이나 경험, 주제에 대한 저자의 관점, 저자의 목적이나 의도, 저자가 의도한 독자층 등이다.

유형 6 개인 경험 나누기는 텍스트에 대한 개인적 반응 및 의견, 생각을 요구하는 이해 활동이다.

마지막 이해 유형인 유형 7 표현적 방식 이해는 표현 방식에 관한 이해 활동이다. 비유나 담화 구조, 어휘 등 글쓴이가 사용한 표현 방식을 묻는 이해 활동으로 다른 유형들과 구별된다.

우선 유형 1과 유형 4를 <표 6.13>에 제시된 바와 같이 A교재 중급2 제8과 '읽고 말하기'를 예로 소개하겠다. 유형 1은 텍스트에 직접적 또는 명백히 기술되어 있는 정보에 대한 이해 활동이다. 아래의 1번, 2번의 활동은 비록 활동 유형이 동일하지 않지만 텍스트에 '1번, 2번'이라고 표시한 부분을 보고 재조직이나 추론, 예측 등 다른 이해 활동이 없이 바로 질문의 해답을 고를 수 있다. 유형 4는 텍스트 앞부분에 나타났거나 뒤에 이어지는 부분, 또는 일부를 작성해보도록 하는 이해 활동이다. <표 6.13>에 제시된 바와 같이 3번은 앞에 어떤 내용이 나타났는지에 대해 예측하는 활동이며 4번은 뒤에 어떤 내용이 이어지는지에 대한 예측하는 활동이다.

<표6.13> A교재 중급2 제8과에 제시된 유형 1, 유형4

효녀 심청

그때 심청이가 눈물을 흘리며 말했습니다.
"죄송해요, 아버지, 제가 아버지를 속였어요. 대감님 댁에 일을 하러 가는 것이 아니라, 사실은 공양미 삼백 석을 마련하려고 뱃사람들에게 제물로 제 몸을 팔았어요.(1번, 2번) 오늘 바로 떠나는 날이에요."
심 봉사는 이 말을 듣고 그만 방바닥에 주저앉았습니다.
"그게 정말이냐? 못 간다, 못 가. 어떻게 나에게 물어보지도 않고 네 마음대로 하느냐? 자식을 죽여서 눈을 뜬들 무엇하겠느냐? 아내 죽고 자식 잃고 눈뜨는 게 다 뭐냐? 내가 더 살아서 무엇하겠느냐? 너하고 나하고 함께 죽자. 네 이놈들아! 장사도 좋지만, 사람을 사다가 제사를 지내는 데가 어디 있느냐? 여보시오, 동네 사람들, 저런 놈들을 그냥 두고 보시오?"
청이는 울면서 아버지를 끌어안았습니다.
"아버지, 이제는 어쩔 수가 없어요. 제가 죽더라도 아버지는 눈을 떠서 세상을 보시고, 좋은 분을 만나서 잘 사세요."

심 봉사가 청이를 붙들고 목 놓아 통곡을 했습니다.
"날 죽이고 가거라. 그냥은 못 간다. 날 데리고 가거라. 너 혼자는 못 간다."
심청이는 동네 사람들에게 아버지를 부탁하고는 뱃사람들을 따라갔습니다. 억수같이 눈물을 흘리면서 정든 마을을 돌아보았습니다.
"작년 오월 단오에 그네 타고 놀던 일이 꿈만 같구나. 칠월 칠석날 밤에 친구들과 함께 놀기로 한 것은 이제 허사가 되었네. 언제나 다시 볼까? 내 그리운 친구들, 너희는 부모님 모시고 잘 있거라."
이 모습을 보고 서로 붙들고 울지 않는 사람이 없었습니다.

읽기 후 활동	이해 유형
1. 심청이는 아버지에게 어떤 거짓말을 했습니까?	유형 1
2. 뱃사람들은 심청이를 데리고 무엇을 하려고 합니까? ( ) 대감님 댁에서 일을 시킬 것이다. ( ) 바다에서 제물로 쓸 것이다. ( ) 심 봉사의 눈을 고칠 것이다. ( ) 동네 사람들과 바다로 갈 것이다.	유형 1
3. 이 이야기 앞에는 어떤 일이 있었을까요?	유형 4
4. 이 뒤에 이어질 이야기를 써 봅시다.	유형 4

다음으로 <표 6.14>를 통해 유형 2, 유형 3, 유형 6을 소개하고자 한다. <표 6.14>는 D 교재 5급의 제 8과 2항의 과제 2 '읽고 말하기 (220—221쪽)'에 제시된 읽기 텍스트와 읽기 후 활동이다. 1번 활동은 텍스트의 각 단락의 제목을 고르는 활동이다. 이 활동은 수행할 때 텍스트에 있는 언어를 그대로 읽는다거나 내용을 재구성하여도 답을 할 수 없는, 독자가 전체적인 내용을 파악한 후 추리 능력을 사용하여 답을 해야만 하는 활동이다. 따라서 1번은 유형 3에 분류하고자 한다.

<표 6.14> D 교재 5급 제8과 과제 2에 제시된 유형 2, 유형 3, 유형 6

(가) 자식들에게 의존하며 살아가는 전통적인 모습을 거부하고 자기 계발에 열중하는 노년층이 최근 급속도로 증가하고 있다. 젊은이 못지않은 에너지를 지닌 이들 '신세대 노년층'은 인터넷 서핑, 온라인 결제, 그리고 블로그 만들기에 이르기까지 PC 다루기에도 능숙하다. 건강상의 이유뿐만 아니라, 취업을 위해 외국어 공부에 도전하는 노년층도 많다고 한다.

(나) 이 같은 노년층 교육 붐으로 부산의 각 구청 정보화 교육장은 늘 만원이다. 구청 주관의 노년층 대상 정보화 교육도 접수가 시작되자마자 바로 마감되는 사례가 허다하다. '연령에 관계없이 노년층도 지식과 기술을 습득하고자 하는 욕구를 가지고 있다'는 교육 이론이 입증되는 현상이다.

(다) 노년층이 자아실현을 목표로 한 교육 프로그램에 적극적으로 참가하고 있다는 사실은 '고령화 시대'를 맞아 반가운 현상이 아닐 수 없다. 과거의 노년층 교육은 교육적 측면보다는 단순히 여가활동을 하는 정도에 지나지 않았다. 또 지침이 될 만한 교육 모델도 없이 즉흥적으로 운영되는 예도 많았다.

(라) 이제 우리 사회는 평생 학습 사회로 접어들었다. 그리고 노년층의 경제적, 교육적 역량도 향상됐다. 그런 만큼 인기가 있는 교육 프로그램을 더 많이 확보해야 한다. 노년층 교육의 사회적 인식을 높이는 것도 절실한 과제다. 노년층 교육을 복지 서비스의 일부로 간주하기보다는 사회 교육과 평생 교육 차원에서 접근하는 것이 필요하다.

[출처 부산일보 2007. 9. 29]

읽기 후 활동			이해 유형
1. 위 사설의 제목으로 적당한 것을 고르십시오. ① 노년층 대상 정보화 교육 ② 노년층의 자기 계발과 평생 교육 ③ 노년층 여가 충족을 위한 교육 ④ 노년층을 위한 교육 모델			유형 3
2-1. 각 단락의 핵심 단어를 정리해 보고 핵심 단어를 이용하여 중심 내용을 써 보십시오.			
단락	핵심 단어	내용	
(가)	자기 계발, 신세대 노년층	자기 계발에 열중하는 신세대 노년층이 늘고 있다.	유형 2
(나)			
(다)			
(라)	평생 학습 사회		

2-2. 위에서 정리된 중심 내용을 이용하여 사설 전체의 내용을 요약해 보십시오.	유형 2
3. 한국은 2000년에 이미 고령화 사회에 진입했습니다. 2018년에는 고령 사회, 2026년에는 초고령 사회에 도달할 것으로 전망됩니다. 미래 고령화 사회에 인기가 있을 만한 평생 교육 프로그램에 대해 이야기해 봅시다.	유형 6

2-1 활동은 각 단락의 핵심을 찾아서 중심 내용으로 표를 완성하는 활동이며, 2-2 활동은 중심 내용을 이용하여 사설 전체의 내용을 요약하는 활동이다. 2-1, 2-2 활동은 비록 활동 유형이 다르지만 같은 이해 유형에 속한다고 본다. 표에 제시된 표를 완성하는 활동 및 사설의 전체 내용을 요약하는 활동은 텍스트에 있는 내용 그대로 대답하는 축어적인 활동이 아니라 텍스트의 문장을 재구성하여 답할 수 있는 활동이기 때문에 유형 2에 속한다. 유형 2는 텍스트를 요약시킴으로써 텍스트에 기술된 정보를 정확하게 파악하였는지를 확인하기 위한 질문이라고 할 수 있다. 학습자 개개인에게 해석을 요구하는 것은 아니며, 이 유형의 초점은 텍스트의 정확한 파악에 있다.

마지막 3번은 개개인에게 해석을 요구하며 텍스트를 학습자와 관련시키도록 하는 활동이다. 이는 독자가 자신의 경험을 결합하여 고령화 사회에 인기가 있을 만한 평생 교육 프로그램에 대해 자신의 의견 및 생각을 말하는 개방형 활동이기 때문에 3번은 유형 6 '개인 경험 나누기'에 분류한다. 유형 3이 텍스트에 명시적으로 기술되지 않은 내용까지 추론하는, 즉 텍스트의 해석과 관련시키는 활동인 반면에 유형 6은 학습자 자신과 텍스트를 관련시키기 위한 활동이다.

읽기 이해 유형 5의 예로 C 교재 5A의 제6과 '읽기Ⅱ'를 소개하고자 한다. 유형 5는 독자가 자신의 목표와 태도 면에서 글쓴이의 의도나 목적에 대한 평가를 하는 이해 활동이다. 이러한 평가적 읽기는 사실적 이해를 기초로 한 추론적 이해를 필요로 한다. C 교재 5A의 제6과 '읽기Ⅱ'에서는 텍스트로 '어떻게 하면 좋을까요?'라는 주제로 작성된 대화 상담 기록이 제시되어 있다. 이 글은 고민 상담 글과 답변자의 조언으로 구성되어 있다. 이 텍스트를 읽은 후 8개의 질문을 제시했는데 그 중에 "여러분은 두 개의 고민에 대한 대화 상담 전문가의 조언에 동의합니까? 동의하는 이유, 또는 동의하지 않는 이유를 이야기해 주십시오."라는 문제가 있다. 이 문제는 제시된 텍스트에 대한 논평을 요구하는 활동이라고 할 수 있다. 또한 평가 이유를 밝히도록 요구하고 있어 유형 5로 분류한다. 유형 5의 활동을 통해 독자는 텍스트에 기술된 바를 파악하기 위한 읽기도 아니고, 자신의 생각이나 경험과 관련시키는 읽기도 아닌, 평가를 위한 읽기 활동을 하게 된다. 이때 독자는 텍스트를 논리 전개의 적절성이나 증거의 타당성, 또는 글의 유창성 등을 평가하기 위해 바라보게 된다. 이러한 읽기 활동은 '비판적 읽기'를 유도하는 유형 6에 해당된다.

　마지막인 유형 7에 속한 활동은 〈표 6.15〉와 같이 제시되어 있다. 〈표 6.15〉는 B 교재 3급 제3과에 제시된 읽기 활동(62쪽)이다. 이 유형은 제시된 텍스트에서 사용된 표현에 관하여 묻는 것이다. 표에서 표시된 바와 같이 '눈덩이처럼 불어난다는 것이'라는 표현이 사용되고 있으며, 밑줄이 그어져 있다. 이 활동은 텍스트의 내용과는 관련이 없으며, 질문의 초점을 표현을 맞추는 데에 두고 있다. 학습자들은 자신의 배경지식을 활용하여 하향식 읽기 모형을 통하여 그 표현의 의미를 추측할 수도 있지만, 추론을 통하여 의미를 알 수 없는 경우도 많다. 따라서 이러한 표현 방식에 관한 이해 활동은 유형 7로 분류한다.

<표 6.15> B 교재 3급 제3과에 제시된 유형 7

사람들은 다른 사람들의 이야기를 하는 것을 좋아하는 것 같다. 그래서 작은 일이 큰일처럼 소문이 나기도 한다. 얼마 전에 나는 친구들을 만나러 가는 도중에 작은 접촉 사고로 모임에 못 간 적이 있다. 큰 사고는 아니었지만 사고 처리를 해야 해서 모임에 갈 수 없었다. 그래서 한 친구에게 사고가 나서 모임에 못 간다고 연락을 했다. 그런데 그날 저녁에 친구들에게 문자 메시지와 전화가 자꾸 왔다. 모임에서 만나기로 했던 친구들은 얼마나 많이 다쳤냐고 묻고 병문안 가려고 하니까 병원을 알려 달라고 했다. 그리고 다른 친구들도 소식을 들었다고 전화를 했다. 그냥 작은 접촉 사고가 나서 모임에 못 간 것인데 어떻게 그런 소문이 났는지 좀 황당했다. 별 것 아닌 일이 ㉠눈덩이처럼 불어난다는 것이 어떤 것인지 실감할 수 있었다. 그리고 나도 다른 사람의 소식을 전할 때 함부로 이야기하면 안 되겠다는 생각을 했다. 앞으로 다른 사람에 대해 이야기를 할 때는 좀 더 신중해져야겠다.		
읽기 후 활동	이해 유형	
밑줄 친 ㉠의 의미를 이야기해 보세요.	유형 7	

이상에서 '실제적 이해', '재조직하기', '추론하기', '예측하기', '평가하기', '개인 경험 나누기'와 '표현적 방식 이해' 등의 일곱 가지 이해 유형에 대하여 논의하였다. '실제적 이해'는 텍스트에 명시적으로 기술되어 있는 정보에 대한 이해 유형이며 '재조직하기'는 실제적 이해를 바탕으로 독자가 재조직하여 추가적인 이해를 형성하는 이해 활동이다. '추론하기'는 독자가 자신의 배경지식과 새로운 정보를 통합하여 텍스트에 내포된 정보를 추론하는 이해 활동인 반면에 '예측하기'는 제시된 텍스트의 앞이나 뒤에 나타날 내용을 예측하는 이해 활동이다. 또한 '평가하기'는 독자에게 비판적 읽기 능력을 요구하는 이해 활동이며 '개인 경험 나누기'는

텍스트에 대한 개인적 반응 및 의견을 요구하는 이해 활동이다. 마지막으로 '표현적 방식 이해'는 비유나, 담화 구조, 어휘 등 글쓴이가 사용한 표현 방식을 묻는 이해 활동이다.

6.4.2 교재의 읽기 활동 유형 분석

읽기 활동 유형은 <표 6.16>과 같이 제시되었다. 한국어 교재의 읽기 후 활동은 주로 이해적 활동과 확장형 활동으로 구성되어 있다. 이해적 활동은 대부분 선다형 문제, 이해 확인 질문, 진위형 문제 등을 비롯한 읽기 문제로 이루어지는 활동이며 확장형 활동은 읽기 텍스트의 내용이나 주제를 바탕으로 말하기, 쓰기, 역할극 같은 활동으로 진행되는 활동이다.

<표 6.16> 5가지 한국어 교재에 제시된 읽기 활동 유형

읽기 활동 유형	
이해적 읽기 활동	확장형 읽기 활동
1. 선다형 문제 답하기 2. 이해 확인 질문 답하기 3. 개방형 문제 답하기 4. 진위형 문제 답하기 5. 제목/라벨 붙이기 6. 표 완성하기 7. 도표 완성하기 8. 빈칸 채우기 9. 순서 맞추기 10. 연결하기 11. 요약하기 12. 단어/표현 고르기 13. 네/아니요 문제 답하기 14. 질문을 만들어 답변하기	1. 역할극 2. 말하기 3. 쓰기

한국어 교재를 분석한 결과 이해를 위한 읽기 질문과 말하기, 쓰기 확장형 활동으로 구성되어 있는 것으로 드러났다. 다음으로 읽기 질문과 확장형 활동을 소개하도록 하겠다. 모든 교재에서 공통적으로 많은 수를 차지한 읽기 활동은 선다형 문제, 개방형 문제, 진위형 문제에 답하는 활동이다.

먼저 일반적인 선다형 문제는 4개 또는 4개 이상의 문항에서 하나 또는 하나 이상의 답을 고르는 활동이다. <그림 6.1>과 같이 제시된 읽기 활동도 이 유형으로 속한다. 여기서 선다형 문제의 정의는 여러 개의 답 중에 하나 또는 하나 이상의 답을 선택하는 활동이다. <그림 6.1>에 제시된 선다형 문제는 학습자들이 텍스트를 읽고 나서 텍스트에 나와 있지 않은 부분까지 추론하여 '고립자형', '카리스마형', '하이에나형' 및 '논의주도형'의 4가지 얘기하는 유형 가운데 하나를 선택하는 활동이다.

```
다음은 위 글에서 얘기하는 유형 가운데 어느 유형일까요?
1) 종종 게시판에 글을 올리는데 보통 순식간에 댓글이 10개 이상 뜨곤 해요.  (   )
2) 저는 게시판을 옮겨 다니며 댓글을 다는 재미로 살아요.                  (   )
3) 댓글을 달 시간이 어디 있어요. 본문도 다 읽을 시간이 없는데요.         (   )
4) 댓글을 통해서 의견을 주고받는 걸 즐겨요.                              (   )
```

<그림6.1> D교재 제4과에 제시된 선다형 문제

이해 확인 질문은 학습자들이 읽기 텍스트에서 특정한 정보를 파악했는지의 여부를 검증하기 위하여 만드는 활동이다. <그림 6.2>과 같이 제시된 읽기 활동도 이 유형에 속한다. 이 유형은 주로 두 가지 하위 유형으로 나누어진다. 첫째, 학습자들이 읽기 텍스트에 제시된 특정한 정보만 파악한 후에 바로 대답할 수 있는

문제이고 둘째, 학습자들이 텍스트를 이해한 후에 추론하여 답할 수 있는 문제이다. 반면 개방형 문제 답하기는 기본적인 텍스트의 의미를 이해한 후, 학습자들이 자신의 경험이나 관점을 결합하여 답할 수 있는 활동이다. <그림 6.3>과 같이 제시된 읽기 활동도 이 유형에 속한다.

> 다 읽은 내용에 대해 묻고 대답하십시오.
> 1. 미술 치료의 장점을 모두 말해 보십시오.
> 2. 음악 치료의 방법에는 어떤 것이 있습니까?

<그림6.2> C교재 5B 제8과에 제시된 이해 확인 질문을 답하는 활동

> 라 함께 이야기해 보십시오.
> 1. 위에서 소개된 심리 치료법 외에 다른 방법을 알고 있다면 소개해 주십시오.
> 2. 여러분이 영화 치료사라고 생각하고 다음 상황에 알맞은 영화를 이야기해 보십시오.

<그림6.3> C교재 5B 제8과에 제시된 개방형 문제 답하는 활동

진위형 문제 답하기 활동은 일반적으로 O× 문제를 가리킨다. C 교재에 제시된 O×△문제(텍스트에서 찾을 수 없는 것을 △로 표시)에 답하는 활동과 먼저 진위를 판단하여 틀린 문장을 고치는 활동도 이 유형에 분류하기로 한다.

제목이나 라벨을 붙이는 활동은 제공된 라벨을 사용하여 텍스트 일부에 명칭을 붙이는 활동이다. 순서 맞추는 활동은 텍스트의 일부를 추출하여 그 부분을 논리나 시간 순서로 배열한다. 순서 맞추는 읽기 활동은 대부분 <그림6.4>와 같이 제시되어 있다.

3) 춤은 어떻게 발전해 왔습니까? 순서에 맞게 번호를 써 넣으십시오.

자신의 표현 기쁨의 표현 신에 대한 감사의 표현
(   )   (   )   (   )

<그림6.4> D교재 제9과에 제시된 순서를 맞추는 활동

표를 완성하는 활동은 표의 칼럼, 줄 제목을 만들고 정보의 자원으로서 텍스트를 사용하여 칸을 채우는 활동이다. <그림 6.5>에서 C 교재 5A 의 제 1 과에 사용된 활동 유형은 비록 표 형식이 아니지만 줄과 행의 제목[17]을 작성하여 학습자들이 칸을 채우는 활동이다. 분석해 보면 본질적으로 표 완성하기와 공통적인 면이 있기 때문에 표 완성하기로 분류된다. 도표를 완성하는 활동은 두 가지 유형으로 이루어진다. 첫째, 정보의 자원으로서 부분적으로 완성된 도표와 텍스트를 사용하여 도표를 완성한다. 둘째, 학습자들이 텍스트의 정보를 파악하여 스스로 도표를 그리고 완성한다.

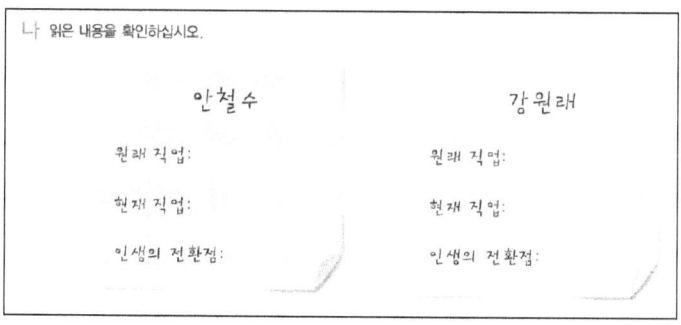

<그림6.5> C교재 5A 제1과에 사용된 '표 완성하기' 읽기 활동

---

17 줄의 제목은 '원래 직업', '현재 직업'과 '인생의 전환점'이고 행의 제목은 '안철수'이다.

연결하는 활동은 읽기 텍스트의 일부를 추출하여 학습자들이 서로 관련되는 것을 고르는 활동이다. C교재 5B의 제3과에 제시된 예시는 <그림6.6>과 같다.

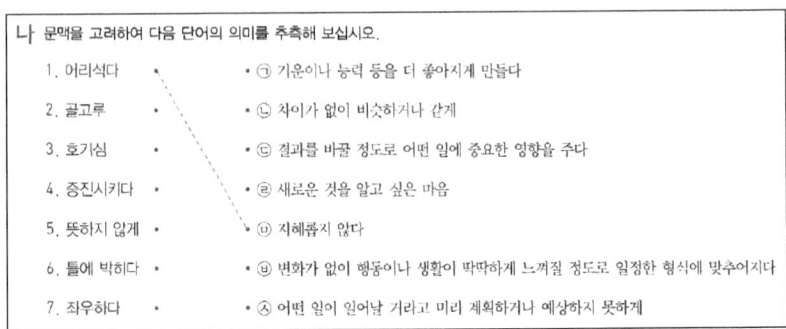

<그림6.6> C교재 5B 제3과에 제시된 연결하기

단어나 표현을 고르는 활동은 <그림 6.7>에 제시된 바와 같이 학습자들이 읽기 텍스트를 읽은 후에 텍스트에서 특정한 단어나 표현을 찾는 활동이다.

<그림6.7> D교재 4급 제2과에 제시된 단어/표현을 고르는 활동

'네/아니요 문제'를 답하는 활동은 진위형 문제를 답하는 활동과는 다른 읽기 유형이다. '네'라고 답을 한다고 해서 무조건 정확

한 것이 아니며, '아니요'라고 답을 한다고 해서 무조건 틀린 정보를 제공하는 것이 아니기 때문이다. <그림 6.8>과 같이 A교재 중급1에서 사용된 '네/아니요 문제 답하기' 활동 유형이다. 이 읽기 활동 유형을 이용하여 학생들이 문제 유형인 읽기 활동에 이어 확장형 읽기 후 활동, 즉 말하기 활동으로 유도하도록 한다.

```
다음 내용에 대해 친구와 함께 이야기해 봅시다.

1. 날마다 일기 예보를 확인하는 편이다.              예    아니오

2. 맑은 날에는 대개 외출을 한다.                    예    아니오

3. 비오는 날에는 음악을 들으며 차 마시기를 좋아한다.  예    아니오
```

<그림6.8> A교재 중급1의 제5과에 제시된 '네/아니요 문제 답하기' 활동

질문을 만들어 답변하는 활동은 특히 고급 단계에서 비판적 읽기를 위해 활용되는 것으로 읽기 후 단계에서 주어진 글에 대한 질문을 만들고 상대방이 질문에 대답하는 활동이다. 이 활동은 읽기 텍스트 내용의 파악 여부를 검증하기 위하여 만들어진 활동인데 이 유형은 <그림 6.9>와 같이 제시되어 있다.

<그림6.9> C교재 5B 제3과에 제시된 '질문을 만들어 답변하기' 활동

한국어 교재에 제시된 읽기 활동은 일반적으로 '읽고 말하기', '읽고 쓰기'의 두 가지 형식으로 제시되어 있다. 따라서 읽기 후의 확장 활동은 공통적으로 역할극, 말하기, 쓰기 활동이 나타난다.

먼저 역할극을 소개하고자 한다. 확장 활동인 역할극은 주로 읽기 텍스트의 내용이나 주제를 바탕으로 확장되어 연극 형식으로 진행된다.

다음으로 말하기와 관련된 읽기 확장 활동을 소개하겠다. 읽기 활동 유형에 대한 분석 결과에 의하여 말하기와 관련된 읽기 확장 활동은 '정리하여 말하기', '발표하기', '토론하기', '그림 보고 말하기' 4가지 유형으로 이루어진다. '정리하여 말하기'는 <그림 6.10>와 같이 먼저 읽기 텍스트의 내용을 요약하거나 정리한 후에 그 내용에 대해 말하는 활동이다. '발표하기'는 학습자가 읽기 텍스트 내용이나 주제에 대해서 학생들 앞에서 개인 의견, 생각 및 경험을 발표하는 활동이며 '토론하기' 활동은 학습자들끼리 모여서 같이 읽기 텍스트 내용이나 읽기 주제와 관련된 화제에 대해 논의하는 활동이다. C 교재에 제시된 '그림 보고 말하기' 활동은 <그림 6.11>에 제시된 바와 같이 읽기 텍스트와 관련된 그림을 보고 주요 내용을 말로 요약하는 활동이다. 이 4가지 말하기 확장 유형은 모두 말하기와 관련되어 있기 때문에 본 절에서는 편의상 모든 유형은 '말하기' 활동에 분류하였다.

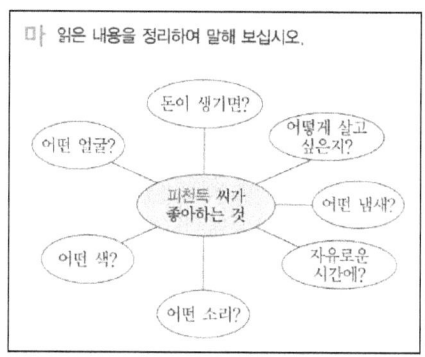

<그림6.10> C교재 5A 제5과에 제시된 '정리하여 말하기' 활동

<그림6.11> C교재 3B 제7과에 제시된 '그림 보고 말하기' 활동

읽기 후 쓰기와 관련된 확장 활동은 공통적으로 정리하여 쓰기와 일반적인 쓰기 활동 두 가지가 나타난다. 정리하여 쓰기 활동은 <그림 6.12>에 제시된 바와 같이 먼저 이야기한 내용을 요약한 후에 쓰는 활동이나. 이 두 가지 유형은 모두 쓰기와 관련된 읽기 후 확장 활동이기 때문에 분석 편의상 본서에서 두 가지 유형은 '쓰기' 활동으로 분류된다.

> 바. 써 봅시다.
>
> 마 【활동 2】에서 이야기한 내용을 정리해서 쓰세요.

<그림6.12> C교재 4B 제1과에 사용된 '정리하여 쓰기' 활동

6.4.3 교재 분석 결과

한국어 교재의 읽기 후 활동을 분석해서 얻은 결론은 다음과 같다.

첫째, 대부분의 교재는 다채로운 읽기 후 활동을 제시하고 있지만, 주로 '이해 확인 질문 답하기' 활동을 중심으로 구성되어 있다. 즉 대부분의 교재가 '실제적 이해' 중심의 읽기 활동으로 구성되어 있었다. 고급에서는 상대적으로 비판적 및 창조적 읽기의 능력이 더 요구되기 때문에 '실제적 이해'는 고급으로 갈수록 줄어드는 경향을 보일 것이라는 예상과 달리 1, 2, 4급에서 가장 많은 수를 차지하였다.

둘째, 저자와 독자를 관련시켜서 더 적극적으로 읽기 활동을 수행하기 위해서 '실제적 이해' 활동 외에 '개인 경험 나누기' 유형에 속한 개방 질문과 '재조직하기'에 해당하는 '이해 확인 질문 답하기' 활동들이 많이 사용되고 있었다.

셋째, '추론하기'에 해당하는 읽기 활동은 고급으로 올라갈수록 점점 증가하는 것으로 나타났다. 이는 고급에서 '추리를 통해 상상하며 읽기'를 중요시하기 때문이라고 판단된다. 아울러 '개인 경험 나누기' 유형도 증가하는 경향을 보이는 점에서 '추론하기'와 동일하다.

넷째, '예측하기'와 '평가하기' 및 '표현적 방식 이해' 유형에 해당하는 읽기 활동은 모든 교재에서 많지 않은 것으로 나타났다. '예측하기', '평가하기', '표현적 방식 이해' 관련 활동에 대한 내용을 기존 한국어 교재에서 별로 다루지 않는 것은 기존 교재의 문제점으로 지적할 수 있다. '예측하기'는 텍스트의 일부를 숨겨야 하기 때문에 빈번히 사용하기가 어렵다. 그러나 일반적으로 '예측하기'에 해당하는 읽기 활동은 쓰기와의 연계 활동이기 때문에 중요한 의미를 지니는 활동이라고 할 수 있다. '평가하기'에 해당하는 읽기 활동도 '예측하기'와 같이 드물게 나타났다. '표현적 방식 이해'에 해당하는 활동은 일부 교재를 제외하고 많지 않았다. 현재의 읽기 교육은 문법 구조를 제시하기 위한 것과는 거리가 있음을 확인할 수 있었다. 향후 한국어 교재에는 '예측하기'와 '평가하기' 관련 읽기 활동을 보충하여, 학습자가 보다 효과적으로 읽기 능력을 향상시킬 수 있도록 배려하는 것이 필요하다고 본다.

다섯째, 한국어 교재에서 읽기 확장형 활동으로 '역할극', '말하기', '쓰기' 같은 다른 영역의 활동을 연관 지어 빈번히 제시하고 있다. 이는 실제 언어 활동과 같이 총체적 활동이라는 점에서 의미가 있으며 언어의 네 가지 기능을 고르게 향상시킬 수 있는 효과적인 활동이라고 할 수 있다. 이런 확장형 활동을 통해서 '실제적 이해', '재조직하기', '평가하기' 등 이해 활동을 수행할 수 있도록 교실 현장에서 교사가 더 많은 노력을 기울여야 할 것이다.

참고 문헌

강현화(2010), 「한국어교육학 연구의 최신 동향 및 전망」, 『국어국문학』 155, 39-78쪽.

강현화·원미진(2012), 「한국어 학습자를 위한 『한국어기초사전』 구축 방안 연구」, 『한국사전학』 20, 7-30쪽.

강현화·이미혜(2011), 『한국어교육론』, 한국방송통신대학교 출판부.

구민지(2012), 「한국어 읽기 교육 이해 질문 분석 연구: 학문 목적 한국어 교재의 읽기 텍스트 이해 질문을 대상으로」, 『새국어교육』 92, 495-522쪽.

권경민(2000), 「동화의 Shared Reading이 초등영어 읽기 능력과 태도에 미치는 효과」, 부산교육대학교 교육대학원 석사학위 논문.

권미정(1999), 「외국어로서의 한국어 읽기 교육: 독해 전략을 통한 효율적인 읽기 방안」, 『한국어 교육』 10(1), 1-28쪽.

기준성(2009), 「중국어권 한국어 학습자의 읽기 전략 연구」, 상명대학교 대학원 박사학위 논문.

김경령(2010), 「학문목적 유학생들의 독해력 지수와 읽기 전략, 동기 변인들과의 상관관계 연구」, 『한국어 교육』 21(4), 25-50쪽.

김경미(2001), 「어휘력이 텍스트 이해 및 회상에 미치는 영향」, 이화여자대학교 석사학위 논문.

김계현(2009), 「학문 목적 학습자를 위한 읽기 전략 사용 연구 - 그래픽 조사자를 활용한 읽기 전략을 중심으로 -」, 경희대학교 교육대학원 석사학위 논문.

김광해 (1993), 『국어 어휘론 개설』, 집문당.

김광해 (2003), 『등급별 국어교육용 어휘』, 박이정.

김금남 (2012), 「다문화가정 초등학생의 한국어 독해력 어휘력 향상을 위한 방안」, 『다문화콘텐츠연구』 13, 7-29 쪽.

김다혜 (2007), 「학문 목적 한국어 학습자의 읽기 능력 향상을 위한 마인드맵 활용연구」, 이화여자대학교 교육대학원 석사학위 논문.

김미옥 (2000), 「외국어로서의 한국어 학습에 있어서 과제 종류 및 유형에 따른 상호작용 연구」, 연세대학교 박사학위 논문.

김선정·박진철·민경모 (2017), 「KFL 학습자의 읽기 능력 및 어휘력 비교: 한자문화권 학습자와 비한자문화권 학습자의 비교를 중심으로」, 『언어와 문화』 13(1), 1-22 쪽.

김수정 (1998), 「문맥을 통한 한국어 어휘교육」, 이화여자대학교 석사학위 논문.

김용현 (1997), 「의미 지도 그리기를 통한 어휘력 신장 방안 연구」, 한국교원대학교 석사학위 논문.

김유미·강현화 (2008), 「학문 목적 학습자를 위한 학술 전문어휘 선정 연구 – 한국어 문학, 경영학, 컴퓨터 공학 전공을 대상으로」, 『한국어교육』 19(3), 1-17 쪽.

김정숙 (2004), 「한국어 읽기, 쓰기 교재 개발 방안」, 『한국어교육』 15(3), 1-22 쪽.

김정숙 (2006), 「고급 단계 한국어 읽기 자료 개발 방안」, 『이중언어학』 32, 139-158 쪽.

김주희 (2005), 「몽골 전래 동화를 활용한 한국어 어휘 지도 방

안 : 재한 몽골인 학생들을 대상으로」, 경희대학교 석사학위 논문.

김중섭 (2002), 「중국인 학습자를 위한 한국어 읽기 교육 방법 연구」, 『한국어 교육』 14(1), 47-70쪽.

김지영 (2004), 「담화능력 배양을 위한 읽기, 쓰기 통합 과제 개발 방안」, 국제한국어교육학회 학술대회논문집, 국제한국어교육학회, 357-377쪽.

김지영 (2009), 「어휘 지도가 독해에 미치는 효과」, 고려대학교 석사학위 논문.

김하령 (2007), 「읽기과정 중 과제 유형과 텍스트 유형이 한국어 읽기 이해에 미치는 영향」, 이화여자대학교 석사학위 논문.

김현진 (2009), 「학문 목적 교재에서의 효율적인 읽기 전략 훈련 방법 연구」, 『언어와 문화』 5(2), 101-128쪽.

김혈미 (2000), 「함께 읽기 활동이 영어 읽기 능력 및 흥미에 미치는 영향」, 부산대학교 교육대학원 석사학위 논문.

김희진 (2001), 「텍스트 유형과 읽기 전 활동이 영문 독해에 미치는 영향」, 서울대학교 석사학위 논문.

남유진 (2013), 「문맥 추론을 활용한 한국어 어휘 학습 과제 개발 연구」, 경희대학교 석사학위 논문.

노명완 (1987), 「이해, 학습, 기억 : 독서 과정에 관한 인지 심리학적 연구 분석」, 한국교육, 한국교육개발원.

노미경 (2011), 「읽기 전 활동 유형이 한국어 읽기 이해에 미치는 영향에 대한 연구 : 설명적 텍스트를 중심으로」, 경희대학교 석사학위 논문.

노은숙 (2009), 「어휘력과 영어 듣기 능력과의 상관연구」, 한국교원대학교 석사학위 논문.

리셔첸(2010), 「한국어 학습자의 읽기 불안이 읽기 전략 사용에 미치는 영향」, 『언어와 문화』 6(3), 107-133쪽.

마쯔자키 마히루(2009), 「한국어 읽기 질문 유형 분석 연구: 고급 과정 교재를 중심으로」, 『이중언어학』 41, 111-137쪽.

모뢰(2012), 「학문 목적 중국인 학습자를 위한 읽기 전략 연구」, 경희대학교 석사학위 논문.

박미숙(2004), 「Reading aloud 기법이 어휘력과 흥미도에 미치는 영향 연구」, 경희대학교 교육대학원 석사학위 논문.

박성희(1999), 「지속적인 묵독이 중학교 영어 학습자의 독해 능력에 미치는 영향」, 이화여자대학교 석사학위 논문.

박수자(2001), 『읽기 지도의 이해』, 서울대학교출판부.

박영숙(1999), 「동화 활동을 통한 초등학생의 영어 듣기 및 말하기 능력 향상에 관한 연구」, 수원대학교 석사학위 논문.

박영예(1999), 「대학생들의 학습전략, 학습스타일, 학습자 변인간의 상관관계에 대한 분석」, 영어교육 54(4), 281-308쪽.

박이정·이석형(2001), 「한국인 영어학습자의 영어발화 유창성 등급과 발화에 내재된 시간적 변수간의 관계분석」, 중앙대학교 석사학위 논문.

박지현(2008), 「어휘 주석이 한국어 우연적 어휘 학습에 미치는 영향」, 이화여자대학교 석사학위 논문.

박효훈(2011), 「학문 목적 한국어 읽기 교재의 읽기 후 활동 분석 연구」, 『새국어교육』, 88, 171-192쪽.

배은실·맹은경(2012), 「중학교 학습자들의 모국어 읽기전략,

영어 읽기전략, 영어 읽기능력 사이의 관계 분석」, 『현대영어교육』 13(4), 293-313쪽.

배지영 (2013), 「The Effects of Reading Global Literature on Korean EFL Learners' Literacy Ability and Intercultural Sensitivity」, 『영어교육』 68(1), 3-36쪽.

변명란 (2003). 「문맥을 통한 단어 의미 추측에 관한 연구」, 한국교원대학교 석사학위 논문.

변정임 (2007), 「읽기 전 활동과 텍스트 유형이 고등학교 영어학습자의 읽기 이해력에 미치는 영향」, 이화여자대학교 교육대학원 석사학위 논문.

서순영 (2000), 「Reading aloud 기법이 읽기 흥미 및 어휘 습득에 미치는 영향」, 부산교육대학교 교육대학원 석사학위 논문.

서순영·조경숙 (2001), 「소리내어 읽어주기 활동이 초등영어 읽기 흥미 및 어휘 습득에 미치는 영향」, 『Primary English Education』 7(2), 223-243쪽.

설이 (2012), 「학문 목적 중국인 학습자의 한국어 읽기 전략 연구 : 고급 단계 학습자들을 중심으로」, 연세대학교 석사학위 논문.

성숙자 (2002), 「독해력 신장을 위한 어휘교육에서의 문맥 이용 방안」, 『우리말연구』 12, 149-201쪽.

소지영 (2009), 「유학 준비생을 위한 한국어 이해교육 방안 연구 : 읽기를 중심으로」, 한국언어문화교육학회 학술대회, 229-245쪽.

손경숙 (1999), 「한국어 학습자의 읽기 전략 훈련과 학습 결과 분석 연구」, 연세대학교 교육대학원 석사학위 논문.

송은경(2005), 「소리 내어 읽어주기 활동이 아동의 언어 이해력에 미치는 영향」, 이화여자대학교 석사학위 논문.

신명선(2004), 「국어 사고도구어 연구」, 서울대학교 박사학위 논문.

신명선(2006), 「학문 목적의 한국어 학습자를 위한 어휘 교육의 내용 연구」, 『한국어교육』 17(1), 237-264쪽.

신명선(2008), 「유아용 언어발달검사의 표준화 연구 및 인터넷 웹기반 평가 시스템 개발」, 『언어치료연구』 17(1), 27-44쪽.

신미향(2005), 「고등학교 영어 소리 내어 읽어주기 활동이 아동의 언어 이해력에 미치는 영향」, 부산대학교 석사학위 논문.

신상근(2006), 「강의 교재 읽기를 통한 우연적 어휘 학습에 관한 연구」, 『외국어교육』 13(3), 321-337쪽.

신유정·이수연·황경희(2011), 「읽기 전 어휘 지도의 유형과 실제」, 『독서교육연구』 7, 73-102쪽.

신인숙(2004), 「영어 지속적 묵독에서 자료 유형이 속도, 이해도, 태도와 동기에 미치는 영향」, 전남대학교 박사학위 논문.

심상민(2000), 「한국어 학습자의 읽기 과정에 관한 연구」, 서울대학교 석사학위 논문.

심상민(2001), 「외국어로서의 한국어 읽기 교수-학습 방안 연구」, 『우리 어문 연구』 17, 93-120쪽.

심상민(2007), 「일본인 한국어 학습자와 중국인 한국어 학습자의 읽기 전략 비교 연구」, 『어문연구』 35(1), 41-465쪽.

심희랑(2009), 「요약하기 활동이 한국어 학습자의 독해 능력과 읽기 처리 능력에 미치는 영향: 학문 목적 중국인 학습자를 대상으로」, 이화여자대학교 교육대학원 석사학위 논문.

안기정 (2010), 「텍스트 상세화가 한국어 읽기 이해와 우연적 어휘 학습에 미치는 영향」, 이화여자대학교 석사학위 논문.

연준흠 (1996), 「내용과 형식 스키마가 독해에 미치는 영향」, 한국교원대학교 박사학위 논문.

염혜경 (2008), 「그래픽 조직자를 활용한 한국어 읽기 수업 모형 설계 연구: 학문 목적 학습자를 대상으로」, 배재대학교 석사학위 논문.

왕비 (2012), 「중국인 한국어 학습자의 한자어 이해 능력이 한국어 읽기에 미치는 영향」, 영남대학교 석사학위 논문.

왕억문 (2014), 「학문 목적 중국인 고급 학습자의 한국어 읽기 능력과 전략 사용 연구」, 연세대학교 석사학위 논문.

왕호 (2014), 「읽기 방법과 속도가 읽기 이해에 미치는 영향 연구: 중국인 고급 한국어 학습자를 대상으로」, 연세대학교 석사학위 논문.

우윤미 (2010), 「소리 내어 읽기가 한국어 이해력 및 정의적 요인에 미치는 영향 연구: 국외 중급 중국인 학습자를 대상으로」, 경희대학교 교육대학원 석사학위 논문.

원명옥 (2003), 「제2 언어로서의 영어 어휘 교수와 학습 연구의 최근 동향」, 『영어교육연구』 15(4), 247-275쪽.

원미진 (2011), 「한국어 어휘교육 연구의 방향 모색」, 『한국어교육』 22(2), 255-279쪽.

원미진 (2013), 「학문 목적 한국어 학습자의 어휘 습득 변인 연구: 이해 어휘 및 표현 어휘 관계를 중심으로」, 『언어와 문화』 9, 193-213쪽.

원미진 (2014), 「한국어 학습자의 어휘·문법 능력과 읽기 능력 발달의 상관관계 연구 - 한국어능력시험 결과 분석을 토대로」, 『문법 교육』 21, 145-165쪽.

원빈천 (2013), 「한국어 읽기 능력 향상을 위한 속독 훈련 방안 연구」, 세한대학교 석사학위 논문.

원진숙·윤준채·전아영 (2002), 「SSR 활동이 학습자의 읽기 태도 및 읽기 이해에 미치는 영향」, 『국어교육』 108, 181-207쪽.

유운숙 (2007), 「음독 활동이 아동의 학업성취도와 학습태도에 미치는 효과」, 동아대학교 석사학위 논문.

유철우 (2020), 「학문 목적 한국어 학습자의 어휘력과 읽기 능력의 상관관계 연구」, 『국어교육연구』 46, 243-282쪽.

유태경 (2014), 「읽기 부진 학생을 위한 어휘 학습 교재 구성 방안」, 서울교육대학교 석사학위 논문.

유해준 (2007), 「학문 목적 한국어 교육을 위한 기본 어휘 선정에 관한 연구 : 인문·사회 영역을 중심으로」, 고려대학교 석사학위 논문.

윤복길 (1999), 「읽기 속도와 단락 전개 구조의 지도를 통한 영어 독해력 향상 방안」, 고려대학교 석사학위 논문.

윤새롬 (2009), 「알고 있는 단어의 텍스트 점유율이 한국어 읽기 이해 및 우연적 어휘 학습에 미치는 영향」, 이화여자대학교 석사학위 논문.

윤여경 (2003), 「지속적인 묵독을 통한 고등학교 영어 학습자의 독해 전략 분석」, 이화여자대학교 석사학위 논문.

윤혜리 (2006), 「학문 목적 한국어 읽기 교재 개발 연구 : 중국인 학습자를 대상으로」, 경희대학교 교육대학원 석사학위 논문.

이경구(2003), 「소리내어 읽기가 영어 습득 능력에 미치는 영향 연구」, 서울시립대학교 석사학위 논문.

이경화(2001), 『읽기 교육의 원리와 방법』, 박이정.

이미경(2008), 「읽기 텍스트 상의 한자병기가 중국인 한국어 학습자의 우연적 한자어 학습에 미치는 영향」, 이화여자대학교 석사학위 논문.

이수미(2005), 「한국어 읽기 텍스트 구성 연구 - 베트남 학습자를 중심으로 -」, 서울대학교 대학원 석사학위 논문.

이은경(2006), 「L2 지식, L1 독해력, 읽기 불안이 한국 학습자들의 영어 독해력에 미치는 영향」, 전남대학교 교육대학원 박사학위 논문.

이은주(2007), 「고급 단계 한국어 교재에 사용된 읽기 활동 유형 분석」, 이화여자대학교 석사학위 논문.

이은주(2008), 「고급 단계 한국어 교재에 사용된 읽기 활동 유형 분석 : 학문 목적 읽기 활동 유형을 중심으로」, 이화여자대학교 교육대학원 석사학위 논문.

이자은(1991), 「한국 중등 학습자의 모국어와 외국어 독해 과정 비교」, 이화여자대학교 교육대학원 석사학위 논문.

이재승(2004), 『아이들과 함께 하는 독서와 글쓰기 교육』, 박이정.

이재윤(2004), 「하이퍼텍스트를 기반으로 한 한국어 읽기 교재 개발에 관한 연구」, 연세대학교 석사학위 논문.

이정희(2007), 「한국어 모어 화자와 외국어 유학생의 읽기 초인지 전략 사용에 대한 연구」, 『어문연구』 35(4), 432-454쪽.

이하영 (2002), 「독서 지도를 위한 어휘력 신장 방안 연구」, 동아대학교 석사학위 논문.

이현희 (2001), 「속독 속해가 영어 독해력에 미치는 영향에 관한 연구」, 경기대학교 석사학위 논문.

이형주 (2009), 「교과서 분석을 통한 한자어 지도가 읽기 능력 신장에 미치는 영향 - 중학교 2학년 1학기 국어 교과서를 중심으로」, 『한문고전연구』 19(1), 327-352쪽.

이효신 (2012), 「읽기 동기 및 불안과 한국어 읽기의 관계에 관한 연구」, 영남대학교 대학원 박사학위 논문.

임병빈 (1993), 「읽기 속도 속달 연습과 의미 파악 훈련을 통한 효율적인 영어 독해력 교수 학습 방안」, 『영어교육』 46, 67-104쪽.

임숙경 (2004), 「문맥 단서를 활용한 어휘지도 방안 연구」, 제주교육대학교 석사학위 논문.

임은정 (2004), 「유학생을 위한 한국어 읽기 교재의 단원 구성」, 부산외국어대학교 교육대학원 석사학위 논문.

임정화 (1997), 「읽기부진의 상관 요인에 관한 연구」, 한국교원대학교 석사학위 논문.

장문정 (2010), 「학문 목적 학습자를 위한 읽기 교재 구성 방안 - 글의 목적에 따른 전략 훈련을 중심으로」, 학술대회논문집, 국제한국어교육학회, 414-422쪽.

장미미 (2013), 「한국어 교재의 읽기 활동 분석 연구」, 연세대학교 석사학위 논문.

장범 (2012), 「학문 목적 한국어 학습자를 위한 담화표지 활용 읽기 - 쓰기 교육 방안 연구」, 한국외국어대학교 석사학위 논문.

장지영 (2009), 「문맥을 통한 어휘추론 전략의 교수가 우연적 한국어 어휘 학습과 읽기 이해에 미치는 영향」, 이화여자대학교 석사학위 논문.

장진태·이지현 (2010), 「중학생 영어학습자의 상·하위권 수준별 독해전략」, 『교과교육학연구』14(4), 737-758쪽.

장혜경 (2010), 「소리 내어 읽고 녹음하기 활동이 초등학생의 영어 읽기에 미치는 영향」, 한국외국어대학교 석사학위 논문.

전수정 (2004), 「학문 목적 읽기 교육을 위한 한국어 학습자의 요구 분석 연구」, 연세대학교 교육대학원 석사학위 논문.

전홍 (2010), 「중국인 한국어 학습자를 위한 읽기 교육 연구 : 읽기 전략 사용을 중심으로」, 서울대학교 석사학위 논문.

정경주 (2013), 「어휘 지도 방법이 학문적 어휘 학습과 정보 텍스트 읽기 이해도에 미치는 효과」, 서울교육대학교 석사학위 논문.

정경화 (2012), 「음독이 한국어 읽기 유창성에 미치는 효과」, 영남대학교 석사학위 논문.

정길정 외 (2005), 『영어 독해 지도』, 경진문화사.

정미란 (2013), 「초등학교 3-6학년 읽기 이해 부진 학생의 읽기 이해력 예측 변인 탐색」,『학습장애연구』10(3), 79-203쪽.

정승영 (2006), 『영어 교수 학습론』, 경남 : 경남대학교출판부.

정인숙 (1995), 「독해력 향상을 한 효과적인 어휘지도」, 서울대학교 석사학위 논문.

조남호 (2003), 『한국어 학습용 어휘 선정 결과 보고서』, 국립국어원.

조은희 (1998), 「소리 내어 읽어주기가 중학생의 독해력과 읽기 태도에 미치는 영향」, 전남대학교 석사학위 논문.

주옥파 (2004), 「고급 한국어 학습자를 위한 읽기 교육에 관한 연구: 논설문 텍스트를 중심으로」, 『한국어 교육』 15(1), 164-165쪽.

지문건 (2019), 「한국어 읽기능력과 어휘·문법·듣기능력의 관계 연구」, 전남대학교 박사학위 논문.

진원화 (2008), 「영어와 국어의 읽기 전략 사용에 관한 비교연구」, 아주대학교 석사학위 논문.

차은영 (2014), 「어휘·문법 능력과 읽기 능력의 상관성 연구: 중국인 중·고급 한국어 학습자를 대상으로」, 한국외국어대학교 석사학위 논문.

천경록 (1992), 「독해 과정과 명제」, 『청람어문학』 7(1), 438-462쪽.

최숙기 (2010), 「중학생의 읽기 능력 발달 양상에 관한 연구」, 한국교원대학교 박사학위 논문.

최연희·전은실 (2006), 『영어 읽기 교육론: 원리와 적용』, 한국문화사.

최영환 (1993), 「합성명사의 지도에 대한 연구」, 서울대학교 박사학위 논문.

한국교육과정평가원 (2006), 『한국어능력시험 문항 유형 개발을 위한 기초 연구 - 문항 개발을 위한 지침서』, 한국교육원과성병가원.

한민희 (1998), 「어휘력의 상관 요인에 관한 연구」, 한국교원대학교 석사학위 논문.

함유선 (2009), 「고등학생의 어휘 능력 실태에 관한 연구」, 인하대학교 석사학위 논문.

황미향 (2005), 「읽기 능력 신장을 위한 어휘 지도」, 『국어교육연구』 37, 1-17 쪽.

황민형 (2011), 「텍스트 상의 한자 병기가 중국인 한국어 학습자의 읽기 능력에 미치는 영향 연구」, 영남대학교 석사학위 논문.

황혜숙 (2004), 「문맥을 이용한 어휘 지도 방안」, 이화여자대학교 석사학위 논문.

한국어능력시험 페이지. http:// www.topik.go.kr.

【한국어 교재】

『한국어』 1-5 급, 경희대학교 국제교육원, 경희대학교 출판국.

『재미있는 한국어』 1-5 급, 고려대학교 한국어문화교육센터, 교보문고.

『서강한국어』 1-5 급, 서강대학교 한국어교육원, 서강대학교 국제문화교육원 출판부.

『연세한국어』 1-5 급, 연세대학교 한국어학당, 연세대학교 출판부.

『이화한국어』 1-5 급, 이화여자대학교 언어교육원, 이화여자대학교출판부.

Aebersold, J. A. & Field, M. L. (1997). *From Reader to Reading Teacher: Issues and Strategies for Second Language Classrooms.*

Cambridge, UK: Cambridge University Press.

Alderson, J. C. (1984). Reading: A reading problem or a language problem? In Alderson, J. C. & Uraquhart A. H. (Eds.), *Reading in a Foreign Language* (1-24). London, UK: Longman.

Alexander, P. A. & Jetton, T. L. (2000). Learning from text: A multidimensional and developmental perspective. In Kamil, M. L., Mosenthal, P. B., Pearson, P. D., et al. (Eds.), *Handbook of Reading Research* 3 (285-310). Hillsdale, NJ: Lawrence Erlbaum Associates Publishers.

Altman, R. (1997). Oral production of vocabulary: A case study. In Coady, J. & Huckin, T.; *Second Language Vocabulary Acquisition* (69-97). Cambridge, UK: Cambridge University Press.

Amer, A. (1990). The effect of the teacher's reading aloud on the reading comprehension of ESL student. *English Language Teaching Journal*, 51(1), 43-47.

Anderson, N. J. (1984). Reading in a foreign language: A reading problem or a language problem. In Alderson J. C. & Urquhart A. H. (Eds.), *Reading in a Foreign Language* (1-27). London, UK: Longman.

Anderson, N. J. (2003). Scrolling, clicking, and reading English: Online reading strategies in a second/foreign language. *The Reading Matrix*, 3(3), 1-33.

Anderson, N. J. (2009). Active reading: The research base for a pedagogical approach in the reading classroom. In Han Z. H. & Anderson N. J. (Eds.), *Second Language Reading Research and*

Instruction: Crossing the Boundaries* (117-43). Ann Arbor, MI: University of Michigan Press.

Anderson, N. J. (1991). Individual differences in strategy use in second language reading and testing. *Modern Language Journal*, 75, 460-472.

Aranha, M. (1985). Sustained silent reading goes east. *Reading Teacher*, 39, 214-217.

Baddeley, A. (2007). *Working Memory, Thought, and Action*. Oxford University Press.

Baker, C. (2006). *Foundations of Bilingual Education and Bilingualism* (4th Edition). Clevedon, UK: Multilingual Matters.

Barcroft, J. (2003). Effects of Questions about Word Meaning During L2 Spanish Lexical Learning. *The Modern Language Journal*, 87(4), 546-561.

Barnett, M. A. (1989). *More than Meets the Eye: Foreign Language Reading. Language and Education: Theory and Practice*. Englewood Cliffs, NJ: Prentice-Hall Regent.

Block, E. L. (1986). The comprehension strategies of second language readers. *TESOL Quarterly*, 20(3), 463-494.

Bloomfield, L. (1942). Linguistics and reading. *Elementary English Review*, 19, 183-186.

Breen, M. (1989). The evaluation cycle for language learning tasks. In R. K. Johnson (Ed.), *The Second Language Curriculum* (187-206). Cambridge, UK: Cambridge University Press.

Breznitz, Z. (2006). *Fluency in Reading: Synchronization of Processes*.

Hillsdale, NJ: Lawrence Erlbaum Associates Publishers.

Brinker, K. (1994). *Linguistische Textanalyse: Eine Einfürung in Grundbegriffe und Methoden*(이성만 역). 텍스트언어학의 이해 : 언어학적 텍스트분석의 기본 개념과 방법 , 서울 : 한국문화사 .

Brooks, C. & Warren, R. (1970). *Modern Rhetoric*. New York, NK: Harcourt Brace and World.

Brown, H. D. (2001). *Teaching by Principles: An Interactive Approach to Language Pedagogy* (2nd ed.). White Plains, NY: Longman.

Brown, H. D. (2007), *Teaching by Principles–An Interactive Approach to Language Pedagogy*. White Plains, NY: Pearson Longman.

Byon, A. S. (2004). Understanding the reading process of beginning American KFL learners: Using think-aloud protocols. *Journal of Korean Language Education*, 15(1), 259-280.

Cain, K. (2006). Individual differences in children's memory and reading comprehension: An investigation of semantic and inhibitory deficits. *Memory*, 14(5), 553-569.

Carrell, P. & Eisterhold, J. (1983). Schema theory and reading pedagogy. *TESOL Quarterly*, 17, 553-573.

Carrell, P. L. (1988). *Interactive Approaches to Second Language Reading*. Cambridge, UK: Cambridge University Press.

Carrell, P. L. (1991). Second language reading: Reading ability or language proficiency? *Applied Linguistics*, 12, 159-179.

Carrell, P. L. (1998). Can reading strategies be successfully taught? *ARAL*, 21(1), 1-20.

Carter, R. & McCarthy, M. (1988). *Vocabulary and Language Teaching.* London, UK: Longman.

Carver, R. P. (2000). *The Causes of High and Low Reading Achievement.* Hillsdale, NJ: Lawrence Erlbaum Associates Publishers.

Chall, J. S. (1996). *Learning to Read: The Great Debate* (3rd ed). New York, NY: McGraw-Hill.

Channell, J. (1988). Psycholinguistic considerations in the study of L2 vocabulary acquisition. In Carter, R. & McCarthy, M. (Eds.). *Vocabulary and Language Teaching* (83-96). London, UK: Longman.

Cheng, L. (2003). *Academic Reading Strategies Used by Chinese EFL Learners: Five Case Studies.* Vancouver, CAN: University of British Columbia.

Clark, E. V. (1993). *The Lexicon in Acquisition.* Cambridge, UK: Cambridge University Press.

Clarke, M. A. (1979). Reading in Spanish and English. *Language Learning*, 29, 121-151.

Clarke, M. A. (1980). The short circuit hypothesis of ESL reading—Or when a language competence interferes with reading performance. *The Modern Language Journal*, 64, 203-209.

Coady, J. & Huckin, T. (1997). *Second Language Vocabulary Acquisition.* Cambridge, UK: Cambridge University Press.

Coady, J. (1993). Research on ESL/EFL vocabulary acquisition: Putting it in context. In Huckin, T., Haynes, M. & Coady, J. (Eds.), *Second Language Learning and Vocabulary Learning* (3-23). Norwood,

NJ: Ablex Publishing Corporation.

Cohen, A. D. (1990). *Language Learning: Insights for Learners, Teachers, and Researchers*. Boston, MA: Heinle & Heinle.

Cohen, A. D. (2009). Second language learner strategies. *Handbook of Research in Second Language Teaching and Learning*, 2, 681-698.

Coltheart, M. (2005). Modeling reading: The dual-route approach. In Snowling, M. J. & Hulme, C. (Eds.), *The Science of Reading: A Handbook* (6-23). Oxford, UK: Blackwell Publishing.

Coltheart, M., Curtis, B., Atkins, P., et al. (1993). Models of reading Aloud: Dual-route and parallel-distributed-processing approaches. *Psychological Review*, 100(4), 589-608.

Coltheart, M., Rastle, K., Perry, C., et al. (2001). DRC: A dual route cascaded model of visual word recognition and reading aloud. *Psychological Review*, 108(1), 204-256.

Cook, V. (1997). The consequences of bilingualism for cognitive processing. In De Groot, A. & Kroll, J. (Eds.), *Tutorials in Bilingualism* (79-99). New York, NY: Cambridge University Press.

Cook, V., & Bassetti, B. (Eds.) (2005). An introduction to researching second language writing systems. In Cook, V. & Bassetti, B. (Eds.), *Second Language Writing Systems* (1-67). Buffalo, NF: Multilingual Matters.

Crookes, G. (1986). Towards a validated analysis of scientific text structure. *Applied Linguistics*, 7, 57-70.

Cummins, J. (1979). Linguistic interdependence and the educational development of bilingual children. *Review of Educational Research*, 49(2), 222-251.

Cummins, J. (1984). *Bilingualism and Special Education: Issues in Assessment and Pedagogy*. Sandiago, CA: College-Hill Press.

Cummins, J. (2000). *Language, Power and Pedagogy: Bilingual Children in the Crossfire*. Clevedon: Multilingual Matters.

Cummins, J. (2009). Bilingual and immersion programs. In Long, M. & Doughty, C. J. (Eds.), *The Handbook of Language Teaching* (161-181). Oxford, UK: Blackwell Publishing.

Cunningsworth, A. (1995). *Choosing Your Coursebook*. Oxford, UK: Heinemann.

Cziko, G. A. (1980). Language competence and reading strategies: Comparison of first and second language oral reading errors. *Language Learning*, 30(1), 101-116.

Davies, F. (1995). *Introducing Reading*. Harmondsworth, UK: Penguin English.

Davis, F. B. (1968). Research in comprehension in reading. *Reading Research Quarterly*, 3(4), 499-545.

Davis, F. D. (1989). Perceived usefulness, perceived ease of use, and user acceptance of information technology. *Management Information Systems Research Center, University of Minnesota*, 13(3), 319-340.

Day, R. R. & Park, J. S. (2005). Developing reading comprehension questions. *Reading in a Foreign Language*, 17(1), 60-73.

Diller, K. C.(1971). *Generative Grammar, Structural Linguistics and*

Language Teaching. Rowley, MA: Newbury House Publishers.

Dowhower, S. L. (1991). Speaking of prosody: Fluency's unattended bedfellow. *Theory into Practice*, 30, 165-175.

Drucker, M. J. (2003). What reading teachers should know about ESL learners? *The Reading Teacher*, 57(1), 22-29.

Dryer, C. & Oxford, R. L. (1996). Learning strategies and other predictors of FSL proficiency among Afrikaans speakers in South Africa. In Oxford, R. L. (Ed.), *Language Learning Strategies around the World: Cross-Cultural Perspective* (61-74). Manoa, HI: University of Hawaii press.

Elley, W. B. & Mangubhai. F. (1983). The impact of reading on second language learning. *Reading Research Quarterly*, 19, 53-67.

Ellis, R. (1994). *The Study of Second Language Acquisition*. Oxford, UK: Oxford University Press.

Ellis, R. (1997). *Second Language Acquisition*. Oxford, UK: Oxford University Press.

Ellis, R. (2003). *Task-Based Language Learning and Teaching*. Oxford, UK: Oxford University Press.

Erler, L. (2004). Near-beginner learners of French are reading at a disability level. *Francophonie*, 18, 85-92.

Eskey, D. E. (1973). A model program for teaching advanced reading to students of English as a foreign language. *Language Learning*, 23(2), 169-184.

Fitzgerald, J. & Graves, M. (2004). *Scaffolding Reading Experience for English-Language Learners*. Norwood, MA: Christoper-Gordon

Publishers, Inc.

Folse, K. S. (2004). *Vocabulary Myths: Applying Second Language Research to Classroom Teaching*. Annarbor, MI: University of Michigan Press.

Friedman, N. P. & Miyake, A. (2004). The relations among inhibition and interference control functions: A latent-variable analysis. *Journal of Experimental Psychology: General*, 133(1), 101-135.

Fries, C. C. (1963). *Linguistics and Reading*. New York, NY: Holt, Rinehart & Winston.

Fritzgerald, J. (1995). English as a second language learner's cognitive process: A review of research in the United States. *Review of Educational Research*, 65(2), 145-190.

Gass. S. (1999). Discussion: Incidental vocabulary learning. *Studies in Second Language Acquisition*, 21(2), 319-333.

Gibson, E. J. (1965). Learning to read. *Science*, 146, 1066-1072.

Gibson, E. J. & Harry L. (1975). *The Psychology of Reading*. Cambridge, MA: MIT Press.

Goodman, K. (1994). Reading, writing, and written texts: A transactional sociopsycholinguistic view. In Flurkey, A. & Xu, J. (Eds.), *On the Revolution of Reading: The Selected Writings of Kenneth S. Goodman* (3-45). Portsmouth, NH: Heinemann.

Goodman, K. S. (1967). Psycholinguistic universals in the reading process. In Gollasch, F. V. (Ed.), *Language and Literacy* (63-70), Boston, MA: Routledge & Kegan Ltd.

Goodman, S. R. & Flores, B. (1979). *Reading in the Bilingual*

Classroom: Literacy and Biliteracy. Rosslyn, VA: National Clearing for Bilingual Education.

Gough, P. B. (1972). One second of reading. In Kavanagh, G. F. & Mattingly, I. A. (Eds.), *Language by Ear and Eye* (331-358). Cambridge, MA: MIT Press.

Grabe, W. & Stoller, F. L. (2013). *Teaching and Researching Reading*. New York, NY: Routledge.

Grabe, W. (1991). Current developments in second language reading research. *TESOL Quarterly*, 25, 375-406.

Grabe, W. (2009). *Reading in a Second Language: Moving from Theory to Practice*. Cambridge, UK Cambridge University Press.

Grabe, W. & Stoller, F. L. (1997). Reading and vocabulary development in a second language. In Coady, J. & Huckin, T. (Eds.), *Second Language Vocabulary Acquisition* (98-122).Cambridge, UK Cambridge University Press.

Grabe, W. & Stoller, F. L. (2002). *Teaching and Researching Reading*. New York, NY: Longman.

Hallliday, M. A. K., Melntosh, A. & Strevens, P. (1971). *The Linguistic Sciences and Language Teaching*. London, UK: Longmans, cop.

Hardin, V. B. (2001). Transfer and variation in cognitive reading strategies of Latino fourth-grade students in a late-exit bilingual program. *Bilingual Research Journal*, 24(4), 417-439.

Hatch, E. & Brown. S. (1995). *Vocabulary, Semantics, and Language Education*. Cambridge, UK: Cambridge University Press.

Hazenberg. S & Hulstijn J. H. (1996). Defining a minimao receptive second-language vocabulary for non-native university students: An empirical investigation. *Applied Linguistics,* 17(2), 146-153.

Hedge, T. (2000). *Teaching and Learning in the Language Classroom.* Oxford, UK: Oxford University Press.

Huckin, T. & Coady, J. (1999). Incidental vocabulary acquisition in a second language. *Studies in Second Language Acquisition*, 21(2), 181-193.

Hudson, T. (1982). The effects of induced schemata on the "short-circuit" in L2 reading: Non-decoding factors in L2 reading performance. *Language Learning*, 32(1), 1-31.

Huebener, T. (1959). *How to Teach Foreign Language Effectively*. New York, NY: New York University.

Hunt, L. C. (1970). Updating the individual approach to reading: IPI of IRP? Paper presented at the conference of the International Reading Association, Anaheim, CA.

Jenkins, J, R., Matlock, B. & Slocum, T. A. (1989). Two approaches to vocabulary instruction: The teaching of individual word meanings and practice in deriving word meaning from context. *Reading Research Quarterly*, 24, 215-235.

Jenkins, J. R., Stein, M. L. & Wysocki. K. (1984). *Learning Vocabulary through Reading*. American Educational Press.

Jiang, N. (2004). Semantic transfer and its implications for vocabulary teaching in a second language. *The Modern Language Journal*, 88(3), 416-433.

Kendeou, P., van den Broek, P., White, M. J., et al. (2007).

Comprehension in preschool and early elementary children: Skill development and strategy interventions. In McNamara, D. S. (Ed.), *Reading Comprehension Strategies: Theories, Interventions, and Technologies* (27-45). Mahwah, NJ: Lawrence Erlbaum Associates Publishers.

Kim, B. (1984). Linguistic theories and L2 reading, reading English in Asia. *Seoul: Literacy and Languages in Asia*, 1-39.

Kim, E. (2009). Transfers and variations of L1 reading strategies on L2 reading. *The Journal of Studies in Language*, 25(2), 223-246.

Kim, H. (2004). Test of the interdependence hypothesis: Transfer of L1 reading onto L2 competence. *Korean Journal of Applied Linguistics*, 20(2), 125-149.

Kintsch, W. (1974). The representation of meaning in memory. *Urology*, 1(4), 371.

Kintsch, W. (1998). *Comprehension: A Paradigm for Cognition*. Cambridge, UK: Cambridge University Press.

Knight, S. L. & Pardon, Y. N. (1986). Investigation gender differences. *Journal of Education Equity and Leadership*, 6, 340-341.

Koda, K. (2005). *Insights into Second Language Reading*. New York, NY: Cambridge University Press.

Koda, K. (2007). Reading and language learning: Crosslinguistic constraints on second language reading development. *Language Learning*, 57(1), 1-44.

Krashen, S. D. (1985). *The Input Hypothesis: Issues and Implications*. New York, NY: Longman.

Krashen, S. D. (1993). *The Power of Reading*. Eaglewood, CO: Libraries Unlimited.

Krashen. S. D. (1982). *Principles and Practice in Second Language Acquisition*. Englewood Cliffs, NJ: Prentice Hall.

Kuhn, M. R. & Stahl, S. A. (2003). Fluency: A review of developmental and remedial practices. *Journal of Educational Psychology*, 95, 3-21.

Kuhn, M. R., Schwanenflugel, P. J., Morris, R. D., et al. (2006). Teaching children to become fluent and automatic readers. *Journal of Literacy Research*, 38(4), 357-387.

Lapkin, S. & Swain, M. (1977). The use of English and French cloze tests in a bilingual education program evaluation: Validity and error analysis. *Language Learning*, 27, 279-314.

Laufer, B. & Hulstijn, J. (2001). Incidental vocabulary acquisition in a second language: The construct of task-induced involvement. *Applied Linguistics*, 22, 1-26.

Laufer, B. (1997). *The Lexical Plight in Second Language Reading: Words You Don't Know, Words You Think You Know, and Words You Can't Guess*. Cambridge, UK: Cambridge University Press.

Levine, A., Ferenz O. and Reves, T. (2000). EFL academic reading and modern technology: How can we turn our students into independent critical readers? *TESL-EJ*, 4(4), 1-9.

Long, D. L., Johns, C. L. & Morris, P. E. (2006). Comprehension ability in mature readers. In Traxler, M. J. & Gernsbacher, M. A. (Eds.), *Handbook of Psycholinguistics* (801-834). Burlington, MA:

Academic Press.

Longacre, R. E. (1983) *The Grammar of Discourse*. New York, NY: Plenum Press.

MacWhinney, B. (1997). Second language acquisition and the competition model. In de Groot, A. M. B. & Kroll, J. F. (Eds.), *Tutorials in Bilingualism: Psycholinguistic Perspectives* (113-142). Mahwah, NJ: Lawrence Erlbaum Associates Publishers.

Maeng, U. K.(2006). Comparison of L2 listening and reading comprehension strategies: A case study of three middle school students. *The Journal of Curriculum & Evaluation*, 9(2), 471-500.

Maeng, U. (2010). Reading strategy instruction and reading comprehension of middle school students. *The Jungang Journal of English Literature and Linguistics*, 52(2), 95-121.

Marconi, D. (1997). *Lexical Competence*. Cambridge, MA: MIT Press.

Massaro, D. W. (1976). Primary and secondary recognition in reading. In Massaro, D. W. (Ed.), *Understanding Language*. New York, NY: Academic Press.

McLaughlin, B. T., Rossman, T. & McLeod, B. (1983). Second language learning: An information processing perspective. *Language Learning*, 33, 135-58.

McNamara, D. S. & Kintsch, W. (1996). Learning from texts: Effects of prior knowledge and text coherence. *Discourse Processes*, 22(3), 247-288.

McNamara, D. S., Kintsch, E., Songer, N. B., et al. (1996). Are good texts always better? Text coherence, background knowledge, and levels of understanding in learning from text. *Cognition and Instruction*, 14, 1-43.

Melka, F. (1997). Receptive vs. productive aspects of vocabulary. In Schmitt, N. & McCarthy, M. (Eds.), *Vocabulary: Description, Acquisition, and Pedagogy* (84-102). Cambridge, UK Cambridge University Press.

Meyer, B. J. F. (1975). *The Organization of Prose and Its Effects on Memory*. Amsterdam NLD: North-Holland.

Meyer, L. A., Wardrop, J. L., Stahl, S. A., et al. (1994). Effects of reading storybooks aloud to children. *The Journal of Educational Research*, 88(2), 69-85.

Militante, D. A. K. (2006). Read aloud versus shared reading: The effects on vocabulary acquisition, comprehension, and fluency. Online Submission.

Miller, J. M. & Schwanenflugel, P. J. (2006). Prosody of syntactically complex sentences in the oral reading of young children. *Journal of Educational Psychology*, 98, 839-853.

Morley, J. (1994). *Pronunciation Pedagogy and Theory: New Views, New Directions*. Washington, DC: Teachers of English to Speakers of Other Languages (TESOL), Inc.

Nagy, W. E. & Anderson, R. C. (1984). How many words are there in printed school English?. *Reading Research Quarterly*, 19, 303-330.

Nagy, W. E., Herman, P. A. & Anderson, R. C.(1985). Learning words from context. *Reading Research Quarterly*, 20, 233-253.

Nagy, W. & Anderson, R. C. (1984). How many words are there in printed school English?. *Reading Research Quarterly*, 14, 304-329.

Nation, I. S. P. & Hwang, K. (1995). Where would general service vocabulary stop and special purposes vocabulary begin?. *System*, 23, 1, 35-41.

Nation, I. S. P. (1990). *Teaching and Learning Vocabulary*. New York, NY: Newbury House.

Nation, I. S. P. (2001). *Learning Vocabulary in Another Language*. Cambridge: Cambridge University Press.

Nation, P. & Coady, J. (1988). Vocabulary and reading. In Carter, R. & McCarthy, M. (Eds.), *Vocabulary and Language Teaching* (97-110). London and New York: Longman.

Nation, P. & Kyongho, H. (1995). Where would general service vocabulary stop and special purposes vocabulary begin?. *System*, 23(1), 35-41.

Nation, P. & Newton, J. (1997). Teaching vocabulary. In Coady, J. & Huckin, T. (Eds.), *Second Language Vocabulary Acquisition* (238-254). New York: Cambridge University Press.

National Reading Panel (U.S.) & National Institute of Child Health and Human Development (U.S.). (2000). *Report of the National Reading Panel: Teaching children to read : An evidence-based assessment of the scientific research literature on reading and its implications for reading instruction*. U.S. Dept. of Health and Human Services, Public Health Service, National Institutes of Health, National Institute of Child Health and Human Development.

Neisser, U. (1967). *Cognitive Psychology*. New York, NY: Appleton Century Crofts.

Nunan, D. (1989). *Designing Tasks for the Communicative Classroom*. Cambridge, UK: Cambridge University Press.

Nunan, D. (2003). *Practical English Language Teaching*. New York, NY: MaGraw-Hill/Contemporary.

Nuttal, C. (1996). *Teaching Reading Skills in a Foreign Language* (new Ed.). Oxford, UK: Heinemann.

O'Malley, J. M. & Chamot, A. U. (1990). *Learning Strategies in Second Language Acquisition*. Cambridge, UK: Cambridge University Press.

Oxford, R. L. (1990). *Language Learning Strategies: What Every Teacher Should Know*. Boston, MA: Heinle & Heinle.

Paribakht, T. & Wesche, M. (1997). *Vocabulary Enhancement Activities and Reading for Meaning in Second Language Vocabulary Acquisition*. Cambridge, UK: Cambridge University Press.

Paribakht, T. S. & Wesche, M. (1999). Reading and 'incidental' L2 vocabulary acquisition. *Studies in Second Language Acquisition*, 21, 195-229.

Paris, S. G., Lipson, M. Y. & Wixson, K. K. (1983). Becoming a strategic reader. *Comtemporary Educational Psychology*, 8, 293-316.

Park, Y. (2006). Reading and writing skill transfer to L2 literacy: A qualitative case study. *English Language and Linguistics*, 22, 219-236.

Perfetti, C. A.(2007). Reading ability: Lexical quality to comprehension. *Scientific Studies of Reading*, 11(4), 357–383.

Perfetti, C. A. (1985). *Reading Ability*. Oxford, UK: Oxford University Press.

Perfetti, C. A. (1992). The representation problem in reading acquisition. In Gough, P., Ehri, L. & Treiman, R. (Eds.), *Reading Acquisition* (145–174). Hillsdale, NJ: Lawrence Erlbaum Associates.

Perfetti, C. A. (1999). Comprehending written language: A blueprint of the reader. In Brown, C. & Hagoort, P. (Eds.), *The Neurocognition of Language* (167-208). New York, NY: Oxford University Press.

Perfetti, C. A., Landi, N. & Oakhill, J. (2005). The acquisition of reading comprehension skill. In Snowling, M. J. & Hulme, C. (Eds.), *The Science of Reading: A Handbook* (227-247). Blackwell Publishing.

Perfetti, C. A. & Hart, L. (2001). The lexical basis of comprehension skill. In Gorein, D. (Ed.), *On the Consequences of Meaning Selection: Perspectives on Resolving Lexical Ambiguity* (67-86). Washington, DC: American Psychological Association.

Petrimoulx, J. (1988). Sustained silent reading in an ESL class: A study. Paper presented at the Annual Meeting of the Teachers of English to Speakers of Other Languages, Chicago, IL.

Pike, L. (1979). *An Evaluation of Alternative Item Formats for Testing English as a Foreign Language*. Princeton, NJ: ETS.

Pilgreen, J. (2000). Initiating sustained silent reading. *Journal of Reading*, 14(8), 521-524.

Plaut, D. C. (2005). Connectionist approaches to reading. In Snowling,

M. J. & Hulme, C. (Eds.), *The Science of Reading: A Handbook* (24–38).Oxford, UK: Blackwell Publishing.

Pressley, M. (2006). *Reading Instruction That Works: The Case for Balanced Teaching* (3rd ed.). New York, NY: Guilford Press.

Pressley, M., Gaskins, I. W. & Fingeret, L. (2006). Instruction and development of reading fluency in struggling readers. In Samuels, S. J. & Farstrup, A. E. (Eds.), *What Research Has to Say about Fluency Instruction* (47-69). International Reading Association.

Qian, D. (2002). Investigating the relationship between vocabulary knowledge and academic reading performance: An assessment perspective. *Language Learning*, 52(3), 513-536.

Reitsma, P. (1988). Reading practice for beginners: Effects of guided reading, reading-while-listening, and independent reading with computer-based speech feedback. *Reading Research Quarterly*, 219-235.

Richards, J., Platt, J. and Weber, H. (1985). *Longman Dictionary of Applied Linguistics*. London, UK: Longman.

Rivers, W. M. (1981). *Teaching Foreign-Language Skills*. Chicago, IL: The University of Chicago Press.

Routman, R. (1991). *Invitations: Changing as Teachers and Learners K-12*. Portsmouth, NH: Heinemann.

Royer, J. M. & Carlo, M. S. (1991). Transfer of comprehension skills from native to second language. *Journal of Reading*, 34, 450-455.

Rumelhart, D. E. (1977). Toward an interactive model of reading. In Dornic, S. (Ed.), *Attention and Performance* VI (573-603).

Hillsdale, NJ: Lawrence Erlbaum Associates.

Rumelhart, D. E. (1994). Toward an interactive model of reading. In Ruddell, R. B., Ruddell, M. R. & Singer, H. (Eds.), *Theoretical Models and Processes of Reading* (864-894). Newark, DE: International Reading Association.

Ryan, E. B. and M. I. Semmel. (1969). Reading as a constructive language process. *Reading Research Quarterly*, 5, 59-83.

Sarig, G. (1987). High-level reading in the first and in the foreign language: Some comparative process data. In Devine, J., Carrell, P. L. & Eskey, D. E. (Eds.), *Research in reading in English as a second language* (105-120). Washington: TESOL.

Saville-Trokie, M. (1976). *Foundations for Teaching English as a Second Language: Theory and Method for Multicultural Education*. Upper Saddle River, NJ: Prentice-Hall.

Schmitt, N. (2000). *Vocabulary in Language Teaching*. Cambridge, UK: Cambridge University Press.

Schoonen, R., Hulstijn J. & Bossers, B. (1998). Metacognitive and language-specific knowledge in native and foreign language reading comprehension: An empirical study among Dutch students in Grades 6, 8 and 10. *Language Learning*, 48(1), 71-106.

Schwanenflugel, P. J. & Ruston, H. P. (2008). Becoming a fluent reader: From theory to practice. In Kuhn, M. R. & Schwanenflugel, P. J. (Eds.), *Fluency in the Classroom* (1-16). New York, NY: Guilford Press.

Schwanenflugel, P. J., Hamilton, A. M., Kuhn, M. R., et al. (2004).

Becoming a fluent reader: Reading skill and prosodic features in the oral reading of young readers. *Journal of Educational Psychology*, 96, 119-129.

Scott, W. A. & Ytreberg, L. H. (1990). *Teaching English to Children*. London, UK: Longman.

Sheorey, R. & Mokhtari, K. (2001). Differences in the metacognitive awareness of reading strategies among native and non-native readers. *System*, 29, 431-449.

Silberstein, S. (1994). *Techniques and Resources in Teaching Reading*. Oxford, UK: Oxford University Press.

Sim, S. M. (2007a). *A Study on Reading Strategies in KSL Class*. Unpublished Doctor's Thesis. University of New South Wales School of Modern Language Studies.

Sim, S. M. (2007b). Using diary studies to examine reading strategies in Japanese KFL learners. *Bilingual Research*, 33, 95-119.

Sinclair, J. M. & Renouf, A. (1988). A lexical syllabus for language learning. In Carter, R. & McCarthy, M. (Eds.), *Vocabulary and Language Teaching* (140-160), London, UK: Longman.

Smith, F. (1971). *Understanding Reading*. New York, NY: Holt, Rinehart & Winston.

Stahl, S. A. (1983). Differential word knowledge and reading comprehension. *Journal of Reading Behavior*, 15(4), 33–50.

Stahl, S. A. & Fairbanks, M. M. (1986). The effects of vocabulary instruction: A model-based meta-analysis. *Review of Educational Research*, 56(1), 72-110.

Stanovich, K. E.(1980). Toward an interactive-compensatory model of individual differences in the development of reading fluency. *Reading Research Quarterly*, 16, 32-71.

Steinberg, J. S. (1973), Context clues as aids in comprehension. *English Teaching Forum*, 16(3), 6-9.

Stevenson, M., Schoonen, R. & de Glopper. K. (2003). Inhibition or compensation? A multidimensional comparison of reading processes in Dutch and English. *Language Learning*, 53(4), 765-815.

Stoller. F. L. & Grabe, W. (1933). Implications for L2 vocabulary acquisition and instruction from L1 vocabulary research. *Second Language Reading and Vocabulary Learning*, 24-45.

Swaffer, J., Arens, K. & Byrnes, H. (1991). *Reading for Meaning: An Integrated Approach to Language Learning*. Englewood Cliffs, NJ: Prentice Hall.

Tercanlioglu, L. (2004). Postgraduate students' use of reading strategies in L1 and ESL contexts: Links to success. *International Education Journal*, 5(4), 562-570.

Thornbury, S. (2002). *How to Teach Vocabulary*. Harlow, UK: Pearson Education Limited.

Torgesen, J. K., Alexander, A. W., Wagner, R. K., et al.(2001). Intensive remedial instruction for children with severe reading disabilities: Immediate and long-term outcomes from two instructional approaches. *Journal of Learning Disabilities*, 34(1), 33–58.

Trelease, J. (2006). *The Read-Aloud Handbook*. New York, NY: Penguin

Books.

Treslease, J. (1989). Jim Trlease speaks on reading aloud to children. *The Reading Teacher*, 43, 200-206.

Urquhart, S. & Weir, C. (1998). *Reading in a Second Language: Process, Product and Practice*. New York, NY: Longman.

Van Gelderen, A., Schoonen, R., Stoel, R. D., et al.(2007). Development of adolescent reading comprehension in language 1 and language 2: A longitudinal analysis of constituent components. *Journal of Educational Psychology*, 99, 477-491.

Verhoeven, L. & Van Leeuwe, J. (2008). Prediction of the development of reading comprehension: A longitudinal study. *Applied Cognitive Psychology*, 22, 407-423.

Wellek, R. & Warren, A. (1962). *Theory of Literature* (3rd ed.). New York, NY: Harcourt, Brace & World.

Widdowson, H. G. (1998). The theory and practice of critical discourse analysis. *Applied Linguistics*, 19(1), 136-151.

Wolf, M. & Katzir-Cohen, T. (2001). Reading fluency and its intervention. *Scientific Studies of Reading*, 5(3), 211-239.

Wood, K. D. (1992). Fostering collaborative reading and writing experiences in mathematics. *Journal of Reading*, 36(2), 96-103.

Yamashita, J. (1999). *Reading in a First and a Foreign Language: A Study of Reading Comprehension in Japanese (the L1) and English (the L2)*. Unpublished Doctor's Thesis. Lancaster University.

Yorio, C. A. (1971). Some sources of reading problems for foreign-language learners. *Language Learning*, 21, 107-116.

Young, D. J. & Oxford, R. L. (1997). A gender-related analysis of strategies used to process input in the native language and a foreign language. *Applied Language Learning*, 8, 43-73.

Zimmerman, B. J. (1994). Dimensions of academic self-regulation: A conceptual framework for education. In Schunk, D. H. & Zimmerman, B. J. (Eds.), *Self-Regulation of Learning and Performance: Issues and Educational Applications* (3-21). Hillsdale, NJ: Lawrence Erlbaum Associates, Inc.

찾아보기

제 1 장　第一章

한국어	中文	English	쪽
구조 스키마	形式图式	formal schema	26
내용 스키마	内容图式	content schema	26
독해력	阅读理解能力	reading comprehension	15
상위 단계 처리 과정	高层级处理过程	higher-level processes	15, 16, 21
상향식 모형	自下而上模式	bottom-up model	24
상호작용 모형	交互模式	interactive model	24～25
상황 해석 모형	情境模式	situation model	22～23
스키마	图式	schema	25～26
스키마 이론	图式理论	Schema Theory	25～26
어휘 인식	单词识别	word recognition	16～18, 20
의미 명제의 형성	语义命题的形成	semantic proposition formation	16, 20
읽기 유창성	阅读流利度	reading fluency	14
자동화	自动化	automaticity	15～16, 23
작업 기억	工作记忆	working memory	20, 23
텍스트 이해 모형	文本模式	text model	16, 21～23
텍스트 읽기의 용이성	文本阅读难易度	text-reading ease	14
통사적 구문 분석	句法分析	syntactic parsing	18
하위 단계 처리 과정	低层级处理过程	lower-level processes	15～16, 20
하향식 모형	自上而下模式	top-down model	24～25

제 2 장　第二章

한국어	中文	English	쪽
공통 기본 능력	共同基本能力	common underlying proficiency	36

깊은 철자법　深度语言形态 deep orthography　　　40～41
내포적 지식　内包性知识 inclusive knowledge　　　32
모국어 읽기　母语阅读 native language reading
　　　　　　　　　　　　　　　27, 32～35, 37～40
발달상의 상호 의존 가설　语言发展的相互依赖假说
　　　Developmental Interdependence Hypothesis　35, 37～38
불투명한 철자법　不透明语言形态 opaque orthography　40
얕은 철자법　浅度语言形态 shallow orthography　40～41
언어 문지방 가설　语言门槛假说 Language Threshold Hypothesis
　　　　　　　　　　　　　　　　　　　　37～38
언어의 상호의존성　语言的相互依存性 language interdependency
　　　　　　　　　　　　　　　　　　　　37
언어적 거리　语言距离 linguistic distance　　　39
이중언어 체계의 상호작용　两种语言体系的相互作用
　　　interactions of a dual language system　　46
인지 학문적 언어 능력　认知学问性的语言能力 cognitive
　　　academic language proficiency　　　36
인지적 자원　认知资源 cognitive resources　　　35
인지적 처리 과정　认知处理过程 cognitive processing process　33
읽기 기술　阅读技能 reading skill　　　33, 35
읽기 능력 발달의 가설　阅读能力发展假说 Reading Ability
　　　Development Hypothesis　　　35
전이　迁移 transfer　　　35～38
제2 언어 읽기　第二语言阅读 second language reading
　　　　　　　　　　　　　　　27, 32～35, 37～40
철자법 깊이의 가설　语言形态深度假说 Orthographic Depth
　　　Hypothesis　　　40
투명성　透明度 transparency　　　40
투명한 철자법　透明语言形态 transparent orthography　40～41

제 3 장　第三章

읽기 방법　阅读方法 reading method
　　　　　　　　　42, 53, 58 ~ 63, 66, 67, 71, 72,74 ~ 77
읽기 활동　阅读活动 reading activity
　　　　　　　　　59, 61, 63, 66, 68 ~ 70, 72, 74 ~ 75
읽기 모델　阅读模式 reading model　　　　　　　67
읽기 평가　阅读评价 reading evaluation　　　　　69
텍스트 유형　文本类型 text pattern　　　　42, 53 ~ 56
문법 요소　语法要素 grammatical elements　　　　53
문법 형태　语法形式 grammatical formal　　　　　65
담화 표지　词语标示 lexical signaling　　　　　　65
담화 구조　语篇结构 discourse structure　　　53 ~ 54
배경지식　背景知识 background knowledge　　　53, 77
읽기 이해력　阅读理解能力 reading comprehension　60
읽기 속도　阅读速度 reading speed　　　　　74 ~ 77
읽기 유창성　阅读流利度 reading fluency　　60, 62, 68
소리내어 읽기 / 음독　朗读 oral reading
　　　　　　　　　　58 ~ 59, 61, 63, 67 ~ 68, 70 ~ 72
묵독　默读 silent reading　　58 ~ 62, 67 ~ 68,72 ~ 77
정독 / 집중형 읽기　精读，集中阅读 intensive reading
　　　　　　　　　　　　　　58 ~ 59, 61, 63, 65
다독 / 확장형 읽기　泛读，扩展阅读 extensive reading
　　　　　　　　　　　　　　58 ~ 59, 61, 63, 65
훑어 읽기 / 스캐닝　扫读 scanning　　　　58, 63 ~ 64
빠르게 읽기 / 스키밍　略读 skimming　　　58, 63 ~ 64
비판적 읽기　评价性阅读 critical reading　　　　58, 63
지속적 묵독　持续性默读 sustained silent reading　72 ~ 74
상향식 처리 기술　自下而上（阅读）处理技能 bottom-up skills
　　　　　　　　　　　　　　　　　　　　59 ~ 60

| 정의적 태도 | 情感态度 affective attitude | 70 ~ 71 |

제4장　第四章

문장 구조	句子结构 sentence structure	88, 96
문제 해결적인 전략	问题解决策略 problem solving strategies	93
보조적인 전략	辅助策略 support strategies	93
사회적 전략	社交策略 social strategies	93 ~ 95
상위 단계 처리 기술	高层级处理技能 higher-level skills	88
상위인지적 전략	元认知策略 metacognitive strategies	93 ~ 95
상향적 전략	自下而上策略 bottom-up strategies	94
인지적 전략	认知策略 cognitive strategies	93
읽기 과정	阅读过程 reading process	86, 93, 97, 100
읽기 기술	阅读技能 reading skills	85, 87 ~ 88
읽기 전략	阅读策略 reading strategies	78, 85 ~ 87, 89 ~ 102
전략적인 독자	策略型读者 strategic readers	98
전체적인 전략	整体策略 global strategies	93
정서적 전략	情感策略 affective strategies	93 ~ 95
하위 단계 처리 기술	低层级处理技能 lower-level skills	88
하향적 전략	自上而下策略 top-down strategies	94 ~ 95

제5장　第五章

객관적 방법	客观性方法 objective method	125
고빈도어	高频词汇 high frequent word	120, 122, 126
기초 어휘	基础词汇 basic vocabulary	120, 122 ~ 123
난이도	难易度 level of difficulty	120, 126
능동적 어휘	接受性词汇 active vocabulary	119, 141
노구 가설	工具假说 Instrument Hypothesis	134
명시적 어휘 학습	显性词汇学习 explicit vocabulary learning	130 ~ 132

목표 언어체계	目标语言体系 target language system	128
문맥	语境 context	128～129, 131～133, 138, 142～144
배경지식	背景知识 background knowledge	135, 142
분포도	分布图 distribution chart	126
사고도구어	思考工具语 thinking tool language	121～122
상향식 모형	自下而上模式 bottom-up model	116, 137
상호보완 모형	交互模式 interactive compensatory model	116
수동적 어휘	产出性词汇 passive vocabulary	119
암시적 어휘 학습	隐性词汇学习 suggestive vocabulary learning	130～132
어휘 능력	词汇能力 lexical competence	115～116, 122～123, 139～141, 144～145
어휘 선정	词汇选定 selecting the vocabulary	120, 124～127
어휘 습득 모델	词汇习得模型 vocabulary acquirement model	129
어휘 습득	词汇习得 vocabulary acquirement	127～129, 131～132
어휘 유형	词汇类型 word class	128
어휘 지식	词汇知识 vocabulary knowledge	115～118, 120, 123, 127, 133～137, 139～142
어휘량	词汇量 vocabulary volume	123
어휘수	词汇数 vocabulary size	120, 122～123
언어 적성 가설	语言学能假说 Language Aptitude Hypothesis	134
의미	语义 meaning	115～121, 127～136, 138, 140～143, 146
이해 어휘/수용적인 어휘	接受性词汇 receptive vocabulary	117, 119～120
저빈도어	低频词汇 low frequency word	122
전문어	专用术语 technical terms	121～122
절충적 방법	综合性方法 eclectic method	125

주관적 방법　主观性方法 subjective method	125
지도화　映射 mapping	129
지식 가설　知识假说 Knowledge Hypothesis	134
지식의 정도성　知识的程度性 degree of knowledge	119
친밀성　熟悉度 familiarity	119
표현 어휘 / 생산적인 어휘　产出性词汇 productive vocabulary	117, 119 ~ 120
하향식 모형　自上而下模式 top-down model	116
학술 기본 어휘　学术基本词汇 scholarship basic vocabulary	122 ~ 123
학술 전문 어휘　学术专门词汇 scholarship technical vocabulary	122
학술 텍스트　学术文章 scholarship text	121 ~ 122
핵심 어휘　核心词汇 core word	123
형태　形式 form	116 ~ 119, 127 ~ 132

제 6 장　第六章

개인 경험 나누기　分享个人反应 personal response	165, 178 ~ 179, 183, 185, 194
과제　任务 task	155 ~ 159, 173, 175, 181 ~ 182
비판적 이해　评价性理解 critical comprehension	164, 168 ~ 170
예측하기　预测 prediction	158 ~ 159, 163, 165, 168 ~ 169, 178 ~ 179, 185, 195
이해 확인 질문　阅读理解题 comprehension question	157 ~ 158, 162, 186 ~ 188, 194
읽기 본 단계　阅读中阶段 while-reading	156 ~ 157, 161
읽기 이해 유형　阅读理解类型 reading comprehension types	162, 165, 170 ~ 171, 173 ~ 174, 177 ~ 178, 183
읽기 전 단계　阅读前阶段 pre-reading	156 ~ 157

읽기 활동 유형　阅读活动类型 reading activity types
　　　　　　　　157, 161, 169, 172, 174, 178, 186, 191～192
읽기 후 단계　阅读后阶段 post-reading　　　156～157, 191
재조직하기　文本重组 reorganization
　　　　　　　　　　　　　178～179, 185, 194～195
추론적 이해　深层理解 inferential comprehension
　　　　　　　　　　　　　166, 168～170, 175～176, 184
추론하기　推论 inference
　　　　　　　　163, 165, 168～169, 178～179, 185, 194
축자적/사실적 이해　表层理解 literal comprehension
　　　　　　　　　　　　162～163, 165, 168～169, 184
평가하기　评价 evaluation　165, 169, 178～179, 184～185, 195
화용적인 의미　语用意义 pragmatic meaning　　　　　155